# O ESTADO NA FRANÇA
## ENTRE DESCONSTRUÇÃO E REINVENÇÃO

# L'ÉTAT EN FRANCE
## ENTRE DÉCONSTRUCTION ET RÉINVENTION

JACQUES CHEVALLIER

*Tradução*
Ana Carolina Wanderley Teixeira
Marcus Vinícius Mendes do Valle

# O ESTADO NA FRANÇA
## ENTRE DESCONSTRUÇÃO E REINVENÇÃO

Belo Horizonte

CONHECIMENTO JURÍDICO
2025

© Éditions Gallimard, Paris, 2023
© 2025 Editora Fórum Ltda.

É proibida a reprodução total ou parcial desta obra, por qualquer meio eletrônico, inclusive por processos xerográficos, sem autorização expressa do Editor.

É vedada a sua venda em Portugal.

## Conselho Editorial

Adilson Abreu Dallari
Alécia Paolucci Nogueira Bicalho
Alexandre Coutinho Pagliarini
André Ramos Tavares
Carlos Ayres Britto
Carlos Mário da Silva Velloso
Cármen Lúcia Antunes Rocha
Cesar Augusto Guimarães Pereira
Clovis Beznos
Cristiana Fortini
Dinorá Adelaide Musetti Grotti
Diogo de Figueiredo Moreira Neto (*in memoriam*)
Egon Bockmann Moreira
Emerson Gabardo
Fabrício Motta
Fernando Rossi
Flávio Henrique Unes Pereira
Floriano de Azevedo Marques Neto
Gustavo Justino de Oliveira
Inês Virgínia Prado Soares
Jorge Ulisses Jacoby Fernandes
Juarez Freitas
Luciano Ferraz
Lúcio Delfino
Marcia Carla Pereira Ribeiro
Márcio Cammarosano
Marcos Ehrhardt Jr.
Maria Sylvia Zanella Di Pietro
Ney José de Freitas
Oswaldo Othon de Pontes Saraiva Filho
Paulo Modesto
Romeu Felipe Bacellar Filho
Sérgio Guerra
Walber de Moura Agra

**FÓRUM**
CONHECIMENTO JURÍDICO

Luís Cláudio Rodrigues Ferreira
Presidente e Editor

Coordenação editorial: Leonardo Eustáquio Siqueira Araújo
Revisão: Patrícia Falcão
Capa, projeto gráfico e diagramação: Walter Santos

Rua Paulo Ribeiro Bastos, 211 – Jardim Atlântico – CEP 31710-430
Belo Horizonte – Minas Gerais – Tel.: (31) 99412.0131
www.editoraforum.com.br – editoraforum@editoraforum.com.br

Técnica. Empenho. Zelo. Esses foram alguns dos cuidados aplicados na edição desta obra. No entanto, podem ocorrer erros de impressão, digitação ou mesmo restar alguma dúvida conceitual. Caso se constate algo assim, solicitamos a gentileza de nos comunicar através do *e-mail* editorial@editoraforum.com.br para que possamos esclarecer, no que couber. A sua contribuição é muito importante para mantermos a excelência editorial. A Editora Fórum agradece a sua contribuição.

Dados Internacionais de Catalogação na Publicação (CIP) de acordo com ISBD

| | |
|---|---|
| C527e | Chevallier, Jacques |
| | O Estado na França: entre desconstrução e reinvenção / Jacques Chevallier. Tradução de: Ana Carolina Wanderley Teixeira, Marcus Vinícius Mendes do Valle. Belo Horizonte: Fórum, 2025. |
| | 76 p. 14,5x21,5cm<br>ISBN impresso 978-65-5518-869-1<br>ISBN digital 978-65-5518-867-7 |
| | 1. Estado na França. 2. Fundação. 3. Reconfiguração. I. Teixeira, Ana Carolina Wanderley. II. Valle, Marcus Vinícius Mendes do. III. Título. |
| | CDD: 944<br>CDU: 94(44) |

Ficha catalográfica elaborada por Lissandra Ruas Lima – CRB/6 – 2851

Informação bibliográfica deste livro, conforme a NBR 6023:2018 da Associação Brasileira de Normas Técnicas (ABNT):

CHEVALLIER, Jacques. *O Estado na França*: entre desconstrução e reinvenção. Belo Horizonte: Fórum, 2025. 76 p. ISBN 978-65-5518-869-1.

# SUMÁRIO

PREFÁCIO ....................................................................................................7

1  O MODELO FRANCÊS DE ESTADO................................................9
    FUNDAÇÕES ........................................................................................10
        O Estado soberano ........................................................................10
        O Estado-nação.............................................................................11
        O Estado liberal ............................................................................12
        O Estado republicano ..................................................................13
    SINGULARIDADES..............................................................................14
        Autonomia....................................................................................14
        Supremacia...................................................................................17

2  UM MODELO DESESTABILIZADO................................................21
    DESSACRALIZAÇÃO...........................................................................21
        O fim do protetorado estatal......................................................22
        A erosão das crenças....................................................................24
    BANALIZAÇÃO ....................................................................................27
        A lógica do desempenho.............................................................28
        A redução dos particularismos...................................................31
    RECONFIGURAÇÃO............................................................................34
        Um Estado plural.........................................................................34
        Uma República descentralizada .................................................35
        Uma administração fragmentada...............................................37

3  UM MODELO REVISITADO ..............................................................41
    REATIVAÇÃO DA SOBERANIA .........................................................41
        O Estado-fortaleza.......................................................................42
        O Estado-poder............................................................................43
    RESSURGIMENTO DO ESTADO DO BEM-ESTAR SOCIAL .............45
        O imperativo de proteção à saúde.............................................45

O retorno do dirigismo econômico ..................................................... 46
A ADAPTAÇÃO DO APARATO DE ESTADO ................................. 48
A reavaliação da gestão pública ........................................................... 48
As inflexões institucionais: o poder, a urgência e a ciência ............... 50

4   UM MODELO REDESENHADO ..................................................... 53
AS DIFICULDADES DA SOBERANIA ................................................ 54
Soberania e globalização ....................................................................... 54
Soberania e europeização ..................................................................... 57
AS DIFICULDADES DA SEGURANÇA ............................................. 59
A lógica da segurança ........................................................................... 59

A inflexão do Estado de direito ............................................................ 61
AS DIFICULDADES DA CIDADANIA ............................................... 62
O cidadão em face do Estado ............................................................... 63
O vínculo de cidadania ......................................................................... 65
AS DIFICULDADES DA DIGITALIZAÇÃO ...................................... 67
A transformação digital ........................................................................ 67
Um Estado de vigilância? ..................................................................... 69

CONCLUSÃO ......................................................................................... 73

# PREFÁCIO

A recente evolução do Estado na França é, à primeira vista, paradoxal. No final do século passado, foi possível anunciar o fim de um modelo específico de Estado, que, em muitos aspectos, contrastava com os modelos de outros países: produto de uma herança de tradições, normas e valores, esse modelo resistiu à prova do tempo, adaptando-se às transformações do contexto social e político; e se encaixou, sem dificuldade, no molde de um Estado do bem-estar social investido de responsabilidades eminentes na vida social. A crise do Estado do bem-estar social e a propagação da *doxa* neoliberal na década de 1970, seguida pela ascensão da globalização na década de 1990, desferiram duros golpes nesse modelo: ao mesmo tempo que o protetorado que se exercia sobre a economia e a sociedade foi questionado, o Estado foi afetado pela corrosão dos princípios que constituíam a armadura sólida de sua instituição. O modelo tradicional parecia ter se tornado obsoleto, convidando o Estado a se inspirar em exemplos estrangeiros. Os sucessivos programas de reforma que começaram na década de 2000 são um bom indicador dessa evolução.

No entanto, a explosão da pandemia marcou um ponto de inflexão: demonstrando os riscos causados pela globalização do comércio, cujo sinal de alerta foi a crise econômica de 2008, a pandemia proporcionou uma oportunidade para que o Estado voltasse com força, sendo novamente colocado no cerne do funcionamento da economia e no centro do jogo social. O modelo tradicional de Estado aparentemente ganhou um novo fôlego. No entanto, essa reativação é o produto de circunstâncias excepcionais e não antecipa o futuro: a evolução futura do Estado dependerá da resposta que ele dará aos desafios aos quais se vê agora confrontado.

Esses episódios sucessivos constituem outros tantos estratos que pesam sobre a configuração atual do Estado. A desestabilização do modelo tradicional ocorrida no final do século XX não significa que as bases profundas desse modelo tenham sido erradicadas: uma "cultura de Estado" permaneceu presente, influenciando as representações e agindo sobre os comportamentos. Ao revés, o retorno do Estado após a luta contra a pandemia não significa que a *doxa* neoliberal tenha perdido todo o seu direito de existir: algumas das reformas realizadas desde então testemunham isso; mas esse retorno irá deixar traços mais ou menos duradouros. A forma atual do Estado é, portanto, um composto, constituído por diversos sedimentos que se encaixam para formar um todo complexo.

Portanto, seguiremos essa genealogia, analisando sucessivamente.

# O MODELO FRANCÊS DE ESTADO

O Estado é o produto de uma herança histórica, que moldou permanentemente sua configuração. Nos séculos XVII e XVIII, a monarquia absoluta ajudou a forjar uma consciência nacional ao atacar os particularismos locais. A revolução de 1789 deu os retoques finais no trabalho dos monarcas, tornando a supressão dos corpos intermediários[1] a garantia da formação de uma comunidade política de cidadãos. O Império estabeleceu um aparato administrativo coerente, rigoroso e eficiente, concebido sobre o modelo militar. Durante o século XIX, o capitalismo contou com o apoio do Estado para criar a estrutura de sua expansão e para amortecer as tensões sociais resultantes. No decorrer dessas diferentes etapas, um modelo muito específico de Estado se cristalizou gradualmente, assumindo uma nova dimensão com o desenvolvimento do Estado do bem-estar social: investido de responsabilidades eminentes, o Estado estabeleceu um verdadeiro protetorado sobre a sociedade; formando a espinha dorsal da vida coletiva, os serviços públicos foram concebidos como um instrumento privilegiado de integração e coesão social.

---

[1] Nota dos tradutores: "Os poderes intermediários, subordinados e dependentes, constituem a natureza do governo monárquico, isto é, daquele em que um só governa mediante leis fundamentais. Eu disse poderes intermediários, subordinados e dependentes; efetivamente, na monarquia, o príncipe é a fonte de todo poder político e civil." MONTESQUIEU, Charles-Louis de. *Do espírito das leis*. Rio de Janeiro: Nova Fronteira. Edição do Kindle. v. 1. p. 40.

# FUNDAÇÕES

O modelo francês de Estado é o resultado da agregação e do amálgama de várias concepções sucessivas de poder.

## O Estado soberano

A construção do Estado envolveu uma combinação de dois processos, um político, ilustrado pela ascensão do poder real, e o outro ideológico, refletido na produção de novas representações, que se desenvolveram mutuamente, modificando as condições sob as quais a dominação política era exercida. O absolutismo monárquico foi caracterizado não apenas pela concentração de poder nas mãos do rei, com base nas duas poderosas forças do exército e das finanças, mas também pelo surgimento de uma nova visão do poder, que contribuiu para sua legitimação; o movimento em direção à *centralização monárquica* foi acompanhado pelo surgimento de um *novo imaginário político*.

A soberania é concebida como o atributo e o sinal distintivo do Estado: ela concebe o Estado como uma entidade à qual todos os atos de poder devem ser relacionados e imputados. Foi Jean Bodin (1576) quem inventou o conceito: "poder absoluto e perpétuo" de uma "República", ou seja, de uma comunidade política. A essência da soberania está, para Bodin, "no poder de dar e revogar a Lei, a todos em geral e a cada um em particular"; o soberano tem um poder de comando que resulta de sua própria "vontade", não do consentimento dos súditos que são obrigados à obediência. Embora esse poder soberano permaneça ligado, segundo Bodin, à pessoa do príncipe, como parte do processo de institucionalização, ele será concebido como um atributo do sujeito estatal, e encontrará, a partir da Revolução Francesa e da construção do Estado-nação, um novo apoio na ideia de "soberania nacional": o poder do Estado aparece como a extensão do poder coletivo da nação, enquanto poder instituinte originário.

O conceito de soberania foi cunhado para resumir esse poder singular, que é postulado como a marca distintiva do Estado, uma entidade abstrata erigida como o repositório da identidade social e a fonte de toda autoridade: significa que o Estado dispõe de um poder supremo de dominação, ou seja, um poder irresistível e incondicional que não apenas se impõe àqueles que estão sujeitos a ele, sem que possam evitá-lo, mas também escapa a qualquer vínculo de subordinação, a qualquer relação de dependência. A soberania implica, em primeiro lugar, que o Estado tem poder unilateral de comando sobre seus cidadãos, um poder que se expressa em e por meio de normas jurídicas: o Estado tem o poder de promulgar normas que os destinatários são obrigados a respeitar, sob pena de sanções. Em segundo lugar, ela pressupõe que o Estado não tem nenhum poder superior ao seu próprio: a soberania designa um poder essencialmente ilimitado que não está vinculado a nenhuma norma preexistente.

## O Estado-nação

Embora a ideia de Nação tenha surgido na França durante o Antigo Regime, ao mesmo tempo que alimentava as pretensões rivais do rei, dos Estados gerais e depois dos parlamentos para "representá-la", ela assumiu um escopo completamente diferente durante a Revolução: não era mais a pessoa do rei, mas a coletividade de cidadãos que se tornou o símbolo da unidade social e a sede da soberania.

Há duas visões opostas. Ou, como havia formulado Rousseau, essa coletividade (o *Povo*) é concebida como a soma das vontades individuais: se, por meio do contrato social, cada indivíduo consente com a alienação total de sua pessoa e de seus direitos para a comunidade, ele também é parte indivisível do "corpo moral e coletivo" que foi criado; detentor de uma parcela da soberania, ele tem o direito inalienável, como cidadão, de participar do exercício da autoridade soberana. Ou, e essa é a tese defendida por Sieyès que prevaleceu durante a Revolução, essa coletividade (a *Nação*) deve formar uma entidade distinta e superior aos indivíduos que a compõem: a soberania não reside mais na pessoa de cada cidadão, mas no ser coletivo que resulta de sua união; a Nação constitui um corpo verdadeiramente autônomo, dotado de existência própria e legitimidade histórica. Além dessas diferenças, que a doutrina jurídica tende a superestimar, trata-se de uma mesma operação de simbolização, visando extrair da diversidade social uma imagem de unidade e coesão. Essa representação ainda sobrevive nas profundezas do imaginário nacional.

A entidade nacional, assim estabelecida com base em uma comunidade de interesses e aspirações entre os membros do corpo social, serve como suporte e base para a construção do edifício estatal. Precedendo o Estado na ordem simbólica, a Nação seria o "lugar" a partir do qual ele é produzido e moldado: assim que o vínculo nacional adquire certa consistência, surge inevitavelmente a necessidade de uma organização estruturada e permanente, bem como de um poder de coerção capaz de assumir o controle do destino nacional; o Estado então simplesmente converteria a unidade nacional preexistente em uma ordem de restrição imposta a todos. Estado e Nação estão, portanto, em uma relação de congruência mútua: indissoluvelmente ligadas, as noções coincidem de forma exata, aderindo uma à outra. O Estado é sempre o *significante* da Nação e ele não pode prescindir do *significado* nacional: é a forma mais elevada que a Nação assume, a projeção institucional que lhe confere duração, organização e poder.

## O Estado liberal

O desenvolvimento do Estado liberal ao longo do século XIX acrescentou um novo tijolo à construção estatal. O Estado liberal implica uma certa concepção da relação entre o indivíduo e o Estado, que sustenta todo o edifício político: não apenas o poder do Estado encontra seus limites nos direitos fundamentais reconhecidos aos indivíduos, o que cria a possibilidade de oposição ao poder com base no direito, mas ele tem também por finalidade, por justificação final, a garantia desses direitos; em última análise, o Estado liberal se baseia na afirmação da primazia do indivíduo na organização social e política, o que implica tanto a *instrumentalização do Estado*, cujo objetivo é servir às liberdades, quanto a *subjetivação do direito*, que atribui a cada qual um estatuto, um poder de exigir e uma capacidade de agir.

O liberalismo é inspirado por uma desconfiança de princípio em face de um Estado, cujo poder se procura controlar e conter para evitar que se torne opressivo. Esse problema começou a surgir no século XVIII: diante dos teóricos do absolutismo, os filósofos se esforçaram para pensar racionalmente a ordem política, baseando-se na ideia de consentimento (contrato social) e atribuindo a ela o objetivo de segurança coletiva e a proteção de cada um de seus membros; encontrando sua fonte na natureza, o direito foi chamado a cristalizar essa nova concepção do vínculo político, fornecendo uma estrutura para o exercício do poder e garantindo as liberdades individuais. Como uma reação contra os excessos do absolutismo monárquico, os revolucionários pretendiam proclamar os direitos inalienáveis do homem em face do poder e submeter o Executivo à vontade da Nação.

Essa abordagem pode ser vista em todo o século XIX, na luta contra o ressurgimento do absolutismo. O desenvolvimento da teoria do Estado de direito coincidiu com o advento de um Estado liberal que buscava limitar as intervenções do Estado na vida social, em nome do primado concedido ao indivíduo e dos supostos benefícios da ordem "natural". No cerne do Estado de direito, portanto, está fundamentalmente a ideia de *limitação do poder*, por meio do tríplice jogo da proteção das liberdades individuais, da sujeição à Nação e da atribuição de uma esfera restrita de competências: a estruturação da ordem jurídica é meramente um meio de assegurar e garantir essa limitação, por meio dos mecanismos de produção do direito.

## O Estado republicano

Fruto de uma série de transformações sociais e políticas, inseparáveis do advento da Terceira República, surgiu, no final do século XIX, um novo tipo de Estado, somando-se às camadas anteriores: o Estado republicano. Embora, de acordo com o pensamento liberal, a ênfase fosse colocada na liberdade individual e na garantia de direitos, a principal preocupação aqui era garantir que o ideal democrático fosse alcançado. Com efeito, para funcionar, o modelo democrático requer um certo número de condições. Em primeiro lugar, ele implica a existência de uma comunidade política, ou seja, que os indivíduos que compõem o corpo social possam se reconhecer e se identificar uns com os outros com base em valores comuns: o vínculo de cidadania deve se basear em uma "moral cívica", uma verdadeira "religião civil", da qual os professores, "*hussards noirs de la République*",[2] serão os ardentes propagadores; o "modelo republicano francês", portanto, visa reduzir os particularismos sociais e culturais, em nome do imperativo da integração nacional.

A lógica republicana implica correlativamente certos princípios relativos à configuração do Estado. A separação da Igreja e do Estado leva à estrita neutralidade do Estado em relação às religiões, resultando na afirmação do princípio da laicidade. Proclamada como "una e indivisível", a República assumiu a missão de preservar a unidade nacional, combatendo as forças centrífugas que poderiam colocá-la em

---

[2] Nota dos tradutores: Expressão atribuída a Charles Péguy para designar os professores responsáveis pela introdução do estudo gratuito e obrigatório, com o objetivo de desenvolver o espírito cívico nas crianças, contrapondo-se à forte influência da Igreja, e que vestiam uniformes pretos. Em 1905, houve a promulgação da lei de separação entre o Estado e a Igreja na França.

risco. A separação de poderes e o reconhecimento de contra-poderes, como o da imprensa, têm o objetivo de evitar qualquer tentação autoritária e qualquer questionamento das liberdades públicas. Além disso, a intervenção do Estado é necessária para corrigir as desigualdades sociais, em nome do princípio da igualdade e do imperativo de "solidariedade": o Estado republicano, portanto, anuncia a mudança para o Estado do bem-estar social.

Essas diferentes representações do Estado se sucedem, mas também se entrelaçam, fornecendo a ele fundações sólidas e duradouras. Elas contribuem para dar ao Estado um perfil singular.

## SINGULARIDADES

A singularidade da construção estatal está na conjugação de dois aspectos indissoluvelmente ligados: uma forte *autonomia* em relação ao resto da sociedade, com o Estado concebido como uma instância colocada fora e acima do jogo social; e a *supremacia*, tanto simbólica quanto prática, da instituição estatal, que se apresenta como a pedra angular do edifício social e o repositório da identidade coletiva.

### Autonomia

O estatuto particular do Estado na França é resultado de uma tríplice dimensão.

Em primeiro lugar, há a *dimensão orgânica*, pela qual o Estado assume a forma de um poderoso aparato administrativo que ocupa um lugar especial na sociedade. Como braço armado e alavanca do absolutismo monárquico, a administração assumiu seus contornos duradouros durante o Primeiro Império. As funções estatais eram de responsabilidade dos funcionários permanentes, inseridos em uma organização hierarquizada e submetidos a uma disciplina rigorosa: no final do século XIX, a lógica profissional se impôs por meio do uso generalizado de concursos de recrutamento e da concessão de garantias aos funcionários contra a arbitrariedade política. O sistema de função pública francês tem características específicas: a natureza particular da condição de funcionário, traduzido pela existência de um "estatuto" o mais "geral" possível; o sistema de carreira, que foi levado aos seus limites lógicos em 1946 (organização em corpos, métodos de recrutamento e promoção, tabela de remuneração etc.), ao custo de uma rigidez que só foi acentuada na prática. Nenhum desses elementos é, por si só, exclusivo da França, mas sua conjugação produz efetivamente uma configuração singular. Concebida dessa forma, a profissionalização levou a uma separação do universo da política e provocou a formação, no seio da função pública, de um "espírito de corpo", entendido tanto como um princípio de diferenciação em relação ao mundo externo como um princípio de coesão interna.

O aparato administrativo é construído segundo uma *lógica unitária*, garantido por mecanismos de integração formais e informais, notadamente por meio do canal do direito (hierarquia/tutela). As estruturas administrativas formam um edifício ordenado e coerente: a tradição centralizadora garante que as autoridades locais tenham apenas competências limitadas, que elas exercem sob o controle vigilante do poder central. Esse modelo unitário não foi colocado em questão pela extensão das responsabilidades do Estado ao longo do século XX: a descentralização, sem dúvida, levou a uma maior autonomia das coletividades locais e a uma extensão de suas competências, e os estabelecimentos públicos se multiplicaram para gerenciar as novas missões atribuídas ao Estado; no entanto, embora a administração tenha se tornado uma máquina enorme com articulações múltiplas, o domínio do nível central permaneceu forte, assegurando a manutenção da coesão do todo.

A essa dimensão orgânica se acrescenta uma *dimensão jurídica*, que se reflete na aplicação ao Estado de regras específicas e derrogatórias do direito comum. Como depositário e garantidor do interesse público, e porque detém o monopólio da coerção em seu duplo aspecto jurídico e material, o Estado não pode estar sujeito ao mesmo direito e ao mesmo juiz que os simples particulares: as regras jurídicas que definem a estrutura de sua ação e as condições em que pode fazer uso de suas prerrogativas têm necessariamente uma natureza e um alcance irredutíveis aos das regras do direito comum; deve ser aplicado a ele um direito especial, que, ao mesmo tempo, assegure sua autonomia social e garanta sua unidade orgânica. A existência do *direito administrativo* na França é, portanto, baseada em uma representação do Estado que finca suas raízes no passado distante da história: ela toma forma assim que o poder monárquico é afirmado, resiste aos abalos revolucionários e depois floresce sob o Império, antes de se encaixar no molde do Estado de direito. Materializando a fronteira que separa os universos do público e do privado, o dualismo jurídico é inseparável de um modelo de Estado que a existência do direito administrativo ajuda a reforçar constantemente: mesmo que seu campo de aplicação seja apenas parcial, já que a administração sempre esteve sujeita ao direito comum em grande parte de suas atividades, a existência do direito administrativo ajudou a cristalizar um modelo de relações entre a administração e a sociedade baseado na autoridade.

No início, o direito administrativo, cujas bases foram estabelecidas sob o Antigo Regime, foi concebido como um direito de privilégio, uma expressão do poder soberano do Estado. A perspectiva mudou no final do século XIX: o progresso do liberalismo político e o ideal republicano levaram a uma ênfase na limitação do poder público e na proteção dos direitos dos administrados; no entanto, a persistência de regras derrogatórias e de um juiz especial continua a testemunhar a singularidade da relação que o Estado mantém com o direito.

Por fim, não se pode ignorar a *dimensão simbólica* deste estatuto, em que o Estado é visto como a personificação de um interesse público que é irredutível aos interesses particulares que dominam a esfera privada: como princípio de ordem e coesão, o Estado deve permitir que a sociedade se mantenha unida e alcance a unidade por meio da definição de um projeto coletivo; o *interesse público* é o princípio axiológico que lhe confere uma especificidade irredutível e no qual ele fundamenta sua legitimidade. O pertencimento ao Estado permite que os eleitos e os funcionários coloquem suas ações sob o selo do interesse público, o que lhes garante uma validade de princípio.

Ao contrário dos Estados Unidos, onde o interesse público é considerado como formado a partir dos interesses particulares e o produto de sua confrontação, o interesse público e os interesses particulares eram percebidos como sendo não apenas diferentes em essência, mas também contraditórios: o interesse coletivo da sociedade entraria inevitavelmente em conflito com os interesses particulares de seus membros, contra os quais teria de ser protegido e imposto. Essa concepção, que implicava que a deliberação parlamentar deveria ocorrer sem a pressão de lobbies, também levou a um modelo administrativo rígido: concebida como responsável e garantidora do interesse público, a administração deveria manter os administrados à distância para preservar a visão geral necessária e proteger sua independência de espírito.

O desenvolvimento do intervencionismo estatal contribuiu para mudar esse modelo: para cumprir as novas missões que lhe foram atribuídas, o Estado foi forçado a estabelecer contatos estreitos com grupos de interesse; a oposição rígida estabelecida entre interesse público e interesses particulares tendeu a se diluir, levando a uma aproximação com a concepção anglo-saxônica. No entanto, embora uma concepção mais flexível tenha surgido gradualmente sob a pressão do intervencionismo, ela não colocou em questão o monopólio reconhecido do Estado na definição do interesse público. Além disso, a promoção do tema do *serviço público* no início do século XX contribuiu para enriquecer o sistema de representações em torno do Estado: redobrando o tema do interesse público, a referência ao serviço público consolida a linha de demarcação traçada entre a esfera pública e a esfera privada; completando a construção de uma função pública de carreira, ela fornece aos agentes públicos um sistema coerente para legitimar seu estatuto profissional e uma estrutura axiológica igualmente coerente para consolidar sua identidade social.

## Supremacia

Dotado de uma superioridade ontológica sobre o corpo social, o Estado é investido de responsabilidades eminentes.

Desde o Absolutismo, o Estado conquistou atribuições amplas e diversificadas, não apenas soberanas, mas também sociais, culturais e econômicas; um verdadeiro dirigismo econômico ("colbertismo") se desenvolveu a partir do século XVII, sob o impulso do controlador geral das finanças: o Estado buscou proteger a agricultura e a indústria por meio de medidas aduaneiras, enquadrar o funcionamento da economia utilizando-se das corporações e promover o desenvolvimento industrial por meio das manufaturas reais. O "Estado de Polícia" se insere, então, nos múltiplos domínios da vida social pela via regulamentar. Esse *intervencionismo* não diminuiu ao longo do século XIX: a despeito de um discurso liberal que defendia limitações estritas do Estado, em nome do primado concedido ao indivíduo e da crença nos benefícios da ordem de mercado, o Estado continuou a assumir funções extensas; enquanto as intervenções sociais mudavam de natureza gradualmente, o Estado, fiel à tradição colbertista, manteve-se fortemente presente na economia, criando assim as condições propícias para o desenvolvimento do capitalismo.

Uma nova extensão das responsabilidades do Estado ocorreu ao longo do século XX com o desenvolvimento do *Estado do bem-estar social*: ainda mais do que em outros países ocidentais, o Estado estabeleceu um verdadeiro protetorado sobre a vida social, assumindo a responsabilidade pelo desenvolvimento econômico e pela proteção social; a extensão de suas intervenções em áreas como a cultura, culminando na formação de um verdadeiro "Estado cultural", atesta bem essa influência específica do Estado. Esse novo papel do Estado foi durante muito tempo objeto de um notável consenso social e político: erigido como guardião da coletividade e protetor de cada um, o Estado deve ser investido da missão e dotado da capacidade de satisfazer as necessidades de indivíduos e grupos de todos os tipos.

Ao longo de um processo de expansão, passando por uma série de etapas, os *serviços públicos* vieram ocupar uma posição estrutural e estruturante na sociedade francesa: a esfera da gestão pública expandiu-se gradualmente a partir do núcleo original das atividades soberanas em círculos concêntricos cada vez maiores, abrangendo áreas inteiras da vida econômica e social. Esse processo de expansão foi favorecido pelo enraizamento da mitologia do serviço público, que fez com que a gestão pública fosse dotada de uma superioridade de princípio em relação à gestão privada: igualmente acessíveis e funcionando com o melhor custo possível, os serviços públicos devem ser mais capazes de preservar e garantir os interesses do público e, ao mesmo tempo, trabalhar para reduzir as desigualdades. Além da miríade de organizações que proliferaram em todas as áreas e em todos os níveis, os grandes sistemas de gestão pública, estruturados em rede e dotados de um estatuto monopolístico, forneceram o acesso de todos a determinados bens essenciais; formando a espinha dorsal da vida coletiva, os serviços públicos foram concebidos como um instrumento privilegiado de integração e coesão social.

A preeminência do Estado apoia-se na existência de uma elite administrativa, que reivindica o monopólio da competência e da racionalidade: o *saber de Estado* foi construído em torno dos grandes corpos técnicos (Minas, Pontes) e administrativos (Conselho de Estado, Inspeção das finanças, Corte de Contas), cujas origens são antigas e cujo prestígio é considerável; esses grandes corpos surgem como os garantidores e guardiões da identidade e da unidade do Estado, para o qual constituem as fundações sólidas e duradouras. Nascido com a formação do Estado e tendo resistido aos múltiplos abalos que marcaram a história política da França, o Conselho de Estado tornou-se o próprio símbolo da continuidade do Estado; para além dessa função simbólica, ele contribuiu para forjar um modelo de Estado que se enraizou gradualmente.

\*

Embora esse modelo de Estado tenha conseguido preservar seus equilíbrios essenciais, à custa de uma série de adaptações, a crise do Estado do bem-estar social a partir de meados da década de 1970 o expôs a fortes abalos: o Estado foi então submetido a um conjunto de novas restrições, que afetou não apenas seu lugar na sociedade e seus princípios de organização, mas também suas próprias fundações; a pertinência do modelo francês de Estado foi, portanto, colocada em questão.

# UM MODELO DESESTABILIZADO

A inflexão do modelo tradicional de Estado assumiu um tríplice aspecto: um fenômeno de *dessacralização*, pelo qual o Estado é afetado pela corrosão dos princípios essenciais que constituíam a armadura sólida de sua instituição e a base de sua legitimidade; um movimento de *banalização*, que tende a reduzir o particularismo da gestão pública; e um processo de *reconfiguração*, que leva a modificar profundamente da arquitetura estatal.

## DESSACRALIZAÇÃO

Embora a crise do Estado do bem-estar social seja um fenômeno muito amplo que afetou o conjunto dos países ocidentais, ela teve implicações mais profundas para a França devido à forma como o Estado é construído. Por um lado, o protetorado que o Estado havia estabelecido sobre a vida social foi enfraquecido: as novas restrições com as quais ele se depara privam o Estado de um conjunto de alavancas de ação; a visão de um Estado forte, investido da missão e dotado da capacidade de promover o desenvolvimento econômico e o progresso social é, portanto, questionada. De outro lado, as crenças nas quais o Estado se apoiava, beneficiando-se de um postulado triplo de benevolência, onisciência e infalibilidade, estão tendendo a desmoronar: a validade da ação pública não pode mais ser presumida; a invocação do interesse público não é mais suficiente, por si só, para garantir sua legitimidade. A sacralização com que o Estado tem sido tradicionalmente considerado na França, como a pedra angular da arquitetura social, está, portanto, comprometida.

## O fim do protetorado estatal

Na França, o protetorado do Estado pôde florescer ao abrigo de fronteiras que delimitavam o espaço sobre o qual ele poderia pretender operar. No entanto, as fronteiras físicas e simbólicas que delimitavam a esfera de influência, a superfície de controle dos Estados, tornaram-se porosas: os Estados são atravessados por fluxos de todos os tipos que eles são incapazes de controlar, canalizar ou, se necessário, deter. A economia mundial entrou em uma nova era, a da *"globalização"*, ilustrada pela intensificação das trocas comerciais, pela livre circulação dos fluxos financeiros de um extremo a outro do planeta e pela explosão de empresas multinacionais: o Estado está sujeito à concorrência de grupos poderosos com estratégias globais e está submetido à pressão dos mercados financeiros; sua margem de manobra é limitada pelas organizações internacionais encarregadas de supervisionar o funcionamento da economia mundial. Ao mesmo tempo, a integração europeia levou à criação de instituições do tipo supranacionais, cujas decisões são obrigatórias para os Estados-membros: enquanto a margem de liberdade do Estado na esfera econômica foi reduzida pela criação da União econômica e monetária em 1986 e pela passagem ao euro em 2002, as competências europeias foram estendidas, em etapas sucessivas, a setores muito amplos da ação pública, incluindo os domínios de soberania. Apanhado no *fogo cruzado da globalização e da europeização*, o Estado perdeu alguns de seus meios de ação e sua capacidade de governar a sociedade.

A partir da década de 1970, o *dirigismo* pelo qual o Estado havia sido erigido como o piloto do desenvolvimento econômico tornou-se obsoleto. Enquanto o fim do planejamento marcou o abandono da ambição que tinha sido a meta de todos os governos desde 1945, de definir um projeto de desenvolvimento, o Estado perdeu o controle de uma série de alavancas de ação econômica: a passagem ao euro significa o despojamento do Estado de seu poder monetário, ao mesmo tempo que limita sua margem de manobra em questões orçamentárias; e a restrição europeia exige a retirada de regulamentações que criam obstáculos ao comércio e podem distorcer o jogo da concorrência. Além disso, embora o setor público tenha conquistado uma posição central na economia, ele foi drasticamente reduzido em favor das políticas de privatização adotadas desde 1986 por governos tanto de esquerda quanto de direita; mesmo que esse desengajamento não seja total, a ideia de o Estado assumir a gestão de setores-chave da economia está doravante obsoleta. Embora o Estado continue presente na economia, ele não aparece mais como o mestre do jogo econômico, mas, no máximo, como um *"regulador"*, responsável por assegurar a manutenção dos principais equilíbrios, ou como um *"estrategista"*, assegurando a promoção da economia nacional.

Ao mesmo tempo, o lugar ocupado pelos *serviços públicos* no edifício social e no imaginário coletivo foi reavaliado. Os serviços públicos foram submetidos a uma série de restrições (tecnológicas, econômicas, financeiras, sociais), o que levou a uma delimitação mais precisa de seus contornos: rompendo com a lógica que consistia em colocar campos inteiros de atividade sob o controle público, ao conceder aos operadores públicos um privilégio de exclusividade, o objetivo é circunscrever, em cada setor, o que deve ser objeto de obrigações específicas em nome do imperativo da coesão social. O questionamento das principais redes nacionais de serviço público por iniciativa das instâncias europeias foi a alavanca e a força motriz por trás dessa evolução; mas essa mudança não diz respeito apenas aos serviços econômicos. O sistema de proteção social evoluiu para um novo equilíbrio entre o seguro obrigatório e o seguro complementar, com uma convocação crescente das companhias de seguro privado. O "Estado cultural" tende a limitar suas ambições, voltando a se concentrar em aspectos de identidade coletiva (proteção e difusão do patrimônio). Ainda mais significativo é o fato de que o perímetro dos serviços "de soberania", por supostamente serem a própria essência do Estado, está cercado por uma nova incerteza: a decomposição das diferentes facetas da luta contra a delinquência levou ao surgimento de um verdadeiro mercado de segurança privada, para lidar com a delinquência predatória e garantir a segurança das pessoas. O perímetro dos serviços públicos torna-se, assim, mais fluido: em todos os setores, as funções tendem a ser compartilhadas com a iniciativa privada.

A *redefinição desse perímetro* esteve no centro dos mais recentes programas de reforma do Estado: a "revisão geral das políticas públicas" (RGPP) teve por ambição, em 2007, produzir um "Estado mais leve", com administrações "reorientadas para suas missões principais"; mas essa ambição, que também constava da política de "modernização da ação pública" (MAP) de 2012, permaneceu em grande parte letra morta. O projeto foi relançado após 2017 no programa "Ação pública 2022", com o objetivo de "rever profundamente e duravelmente as missões de todos os atores públicos". A questão, entretanto, é saber como essa redução pode ser alcançada. O "França Estratégia" demonstrou[3] claramente que o nível significativamente mais elevado de gastos públicos na França, em comparação com a média de outros países europeus, é explicado sobretudo pelas "escolhas coletivas", decorrentes em grande parte da esfera social: não se poderia tocar na esfera do consumo coletivo sem encontrar fortes resistências; de fato, todas as pesquisas atestam um forte apego aos serviços públicos, percebidos como um fator essencial para a coesão social e a igualdade. A ideia de uma "transformação radical" do serviço público, que consta do relatório "CAP 2022", por meio de uma "escolha de terceirização" que leva o serviço público a ser dispensado do que não é seu "negócio principal"[4] é, portanto, uma boa parte de ilusão, a partir do momento em que ela pretende ir além de um simples reajustamento das fronteiras entre público e privado.

O fim do protetorado exercido pelo Estado sobre a vida social foi acompanhado pela crise nos valores subjacentes à sua instituição.

## A erosão das crenças

As representações nas quais o Estado se apoiava para estabelecer sua legitimidade perderam sua força. A partir da década de 1970, a crise do Estado do bem-estar social desferiu um duro golpe no dogma da eficiência da ação pública: as medidas tomadas na época não conseguiram manter o ritmo de crescimento e preservar o pleno emprego; o Estado não é mais visto como infalível, capaz de ter resposta para tudo. A dinâmica da globalização e o progresso da integração europeia apenas agravaram essa situação: com a introdução de uma economia aberta em um jogo complexo de interações, exposto à concorrência de vários poderes com os quais é obrigado a lidar, o Estado agora tem apenas uma capacidade limitada de ação; na era do capitalismo globalizado, o verdadeiro poder de decisão está fora e além do Estado.[5] A incapacidade dos governantes de implementar o programa para o qual foram eleitos é sinal de impotência pública. Os próprios serviços públicos não estão mais isentos do

---

[3] "Onde reduzir o peso da despesa pública?", *Note d'analyse*, nº 74, janeiro de 2019.
[4] Relatório do "Comitê Ação pública 2022", *Serviço Público. Reinventar-se para melhor servir*, junho de 2018.
[5] Colin Crouch, *Pós-democracia*, Paris, Diaphanes, 2013; Wolfgang Streeck, *Do tempo comprado. A crise constantemente adiada do capitalismo democrático*, Paris, Gallimard, 2014.

julgamento crítico de usuários exigentes e reivindicativos, insatisfeitos com a qualidade de suas prestações.

Ao mesmo tempo, o postulado segundo o qual os eleitos e os funcionários são movidos apenas pela preocupação com o interesse público, que serve para eles como princípio axiológico e ponto de referência, perdeu a credibilidade em razão da revelação de uma série de comportamentos que vão contra os valores que supostamente são os do setor público: a multiplicação dos "casos" e dos "escândalos", a disseminação de práticas de corrupção até o topo do Estado,[6] incluindo o "abuso de poder para proveito pessoal" e o "tráfico de influência", e a banalização dos "conflitos de interesse" levarão a uma análise mais fria, mais lúcida e mais desencantada da esfera pública; atestada por uma série de indicadores, tais como as pesquisas de opinião ou os comportamentos nas urnas, uma nova desconfiança se instalou,[7] tendendo a corroer o vínculo representativo. Os desvios constatados irão conduzir a tentativas para consolidar os valores atribuídos ao setor público: uma iniciativa de saneamento e moralização da vida pública foi adotada (Lei de 11 de outubro de 2013), em nome de um "Estado exemplar" e de uma "República irrepreensível", enquanto os princípios deontológicos aos quais os funcionários devem aderir foram incorporados ao seu estatuto (Lei de 20 de abril de 2016), embora isso não seja suficiente para restaurar o mito do interesse público; o dispositivo foi reforçado pela adoção, em setembro de 2017, de duas leis visando ao "restabelecimento da confiança na ação pública" e pela entrada em vigor de um conjunto de novas medidas.

O estatuto privilegiado da elite administrativa é agora objeto de críticas recorrentes. A França é o país do mundo acidental no qual a homogeneidade das elites é maior: as elites vêm do mesmo grupo, seguiram as mesmas fileiras de recrutamento e passaram pelas mesmas escolas de Estado; uma verdadeira "nobreza de Estado",[8] cuja capacidade e legitimidade de comando são garantidas pelo Estado, controlaria, assim, os diferentes locais de poder social. As posições conquistadas pelos altos funcionários no campo político levariam a uma distorção do jogo democrático: a "classe política" se tornaria cada vez mais homogênea sociologicamente e cada vez menos

---

[6] Françoise Dreyfus, *Sociologia da corrupção*, Paris, La Découverte, 2022.
[7] Pierre Rosanvallon, *A contra-democracia. A política na era da desconfiança*, Paris, Seuil, 2006.
[8] Pierre Bourdieu, *A nobreza de Estado*, Paris, Les Éditions de Minuit, 1989.

representativa da diversidade da sociedade. Quanto às novas formas de *"pantouflage"*,[9] elas atestam uma hibridização cada vez maior das esferas pública e privada, colocando em questão o sistema de valores sobre o qual o Estado tradicionalmente constrói sua legitimidade;[10] uma "oligarquia administrativa" acumularia as fontes de poder, influenciando a definição das escolhas coletivas.[11] Entretanto, a imagem de competência dessa elite foi permanentemente comprometida pelos fracassos retumbantes de alguns de seus representantes à frente de grandes bancos e empresas.

De modo mais geral, o Estado não é mais visto como detentor do monopólio da definição do interesse público: este não pode ser resultado apenas de processos internos da esfera pública; os atores sociais agora também são convidados a participar da elaboração das escolhas e a contribuir para a gestão dos serviços públicos. Essa *dessacralização do interesse público* implica uma nova relação entre o público e o privado: a intervenção de grupos de interesse não é mais vista como uma intrusão intolerável, mas como um meio de fortalecer a qualidade das escolhas coletivas; e os próprios cidadãos devem ter a possibilidade de se fazer ouvir e de participar do exercício das responsabilidades.

A *participação* é, portanto, chamada, por meio das múltiplas formas que assume, a renovar profundamente a concepção do interesse público inerente ao modelo francês de Estado.[12] A presença ativa dos cidadãos nas engrenagens políticas, por meio da extensão dos procedimentos de democracia semidireta e sua participação nos processos de tomada de decisão, coloca em questão o monopólio que os representantes políticos supostamente teriam sobre a definição do interesse público. A concessão aos administrados do poder de

---

[9] Nota dos tradutores: Segundo a reportagem publicada no Jornal *Le Monde*, em 23 jun. 2021, "geralmente usado de forma pejorativa para se referir aos altos funcionários públicos que deixam o serviço do Estado para ingressar em empresas privadas, esse conceito *"pantouflage"* agora é visto pela esquerda como uma forma de 'corrupção' das elites". FERRAND, Ariane. Aux origines du «pantouflage». *Le Monde*, 23 jun. 2023. Disponível em: https://www.lemonde.fr/idees/article/2021/06/23/aux-origines-du-pantouflage_6085272_3232.html. Acesso em: 10 fev. 2024.

[10] Pierre France et Antoine Vauchez, *Esfera pública, interesses privados. Investigação sobre uma grande interferência*, Paris, Presses de Sciences Po, 2017.

[11] Laurent Mauduit, *A Casta. Investigação sobre essa alta função pública que tomou o poder*, Paris, La Découverte, 2018.

[12] Defendendo uma "concepção transacional do interesse público", o Conselho de Estado sublinhou que a legitimação das escolhas públicas devia ser reforçada "por uma melhor associação dos cidadãos na elaboração e na implementação das decisões que lhes dizem respeito" ("O Interesse público", *Études et documents*, nº 50, 1999).

intervenção no funcionamento dos serviços marca o abandono da ideia de uma administração separada da sociedade e que se vale dessa separação para impor suas orientações. A construção de espaços de deliberação situados a montante dos sistemas de tomada de decisão, com o objetivo de comparar as diferentes formulações dos problemas antes que as escolhas sejam feitas, tende a fazer do interesse público o produto de um vasto confronto entre todos os atores sociais – grupos organizados, mas também simples cidadãos.

Embora o Estado não se beneficie mais do privilégio do sagrado, isso não significa que ele tenha perdido toda a preeminência: a imagem de um Estado concebido como a pedra angular da sociedade permanece firmemente ancorada nas representações coletivas da França; em um mundo em que as certezas estão se desintegrando, em que os marcos estão desmoronando, o Estado ainda constitui um ponto de referência, tanto prática quanto simbolicamente.

## BANALIZAÇÃO

Embora as políticas de reforma do Estado na França sejam antigas, passando por várias etapas sucessivas nas últimas décadas,[13] elas recentemente tomaram um novo rumo, sob a influência da disseminação do *New Public Management (NPM)*,[14] uma doutrina de reforma concebida nos países anglo-saxões, especialmente no Reino Unido, e da qual as instituições internacionais se tornaram fervorosas propagadoras: com base na maioria dos programas de reforma do mundo, essa doutrina postula a existência de princípios de gestão pública universalmente aplicáveis. O *NPM* constitui um modelo estatal de pleno direito, baseado em um certo número de valores e compreendendo um conjunto de preceitos que são a antítese do modelo de Estado francês: sua aclimatação não pode, portanto, deixar de afetar os vários elementos (simbólicos, orgânicos, jurídicos) que compõem esse modelo, que se encontram, em graus variados, enfraquecidos. Enquanto uma nova racionalidade, centrada na ideia de desempenho, é chamada a orientar a ação pública, o particularismo da gestão pública tende a desmoronar.

---

[13] Philippe Bezès, *Reinventar o Estado. As reformas da administração francesa (1962-2008)*, Paris, PUF, 2009.

[14] Nota dos tradutores: a expressão *New Public Management (NPM)*, no original em inglês, pode ser traduzida como "nova gestão pública".

## A lógica do desempenho

O tema da *eficiência* foi promovido em várias etapas: na década de 1960, em nome da ideia de "racionalização das escolhas orçamentárias" (RCB); a partir da década de 1970, em conexão com a crise do Estado do bem-estar social. Essa crise coloca em questão a estrutura axiológica na qual se baseava a ação pública: o postulado de validade do qual ela se beneficiava, adornado com o selo do interesse público, sucede a convicção de que o Estado deve prestar contas de suas ações e se submeter ao julgamento crítico do público; ao perder o privilégio da infalibilidade, ele deve fornecer provas tangíveis da eficiência das ações empreendidas. A introdução da avaliação das políticas públicas foi o próximo passo lógico, com a criação de um dispositivo interministerial em janeiro de 1990, demonstrando a intenção de colocar a abordagem avaliativa no centro do trabalho governamental.

A reorientação do referencial de eficiência em torno do tema do *desempenho* foi indissociável da aclimatação dos preceitos do *NPM*, que relativiza o particularismo da gestão pública e a convida a se inspirar nos métodos de gestão do setor privado: uma *"cultura do desempenho"*, muito estranha à cultura estatal francesa, conquistou a França na década de 2000. A Lei Orgânica das Leis de Finanças (LOLF)[15] de 2001 é a expressão emblemática dessa mudança. Com o objetivo de mudar o orçamento do Estado de uma lógica de "meios" para uma lógica de "resultados", todo o sistema se baseia na ideia de "orientação por desempenho": cada programa inclui um "projeto anual de desempenho" (PAP),[16] definindo os objetivos traduzidos na forma de indicadores quantitativos; durante a implementação dos programas, o controle de gestão permite medir as diferenças entre os resultados alcançados e os resultados esperados, adotando as medidas corretivas necessárias; no final de cada exercício, um "relatório anual de desempenho" (RAP)[17] presta contas das condições de realização do programa, eventualmente levando à redefinição dos objetivos e à realocação dos recursos.

---

[15] Nota dos tradutores: Lei Orgânica nº 2001-692, de 1º de agosto de 2001, que dispõe sobre as leis de finanças públicas na França.
[16] Nota dos tradutores: No original *"Projet annuel de performance"*.
[17] Nota dos tradutores: No original *"Rapport annuel de performance"*.

A abordagem, que utiliza a alavanca orçamentária, foi ampliada pelo lançamento, em 2007, da RGPP,[18] sustentada pela mesma lógica de desempenho: trata-se de examinar todas as políticas públicas, a fim de "fazer melhor com menos", conciliando "a melhoria do serviço público, quando necessária, com a economia de recursos, quando possível". Procurando combinar "renovação da ação pública" e "esforço de ajuste orçamentário", a MAP,[19] que dá continuidade a isso em 2012, adota uma perspectiva semelhante. A mesma lógica de desempenho pode ser encontrada na criação, em janeiro de 2021, de um "barômetro dos resultados da ação pública", permitindo a cada cidadão acompanhar o avanço das políticas públicas e medir os resultados das reformas prioritárias realizadas desde 2017 que afetam a vida cotidiana.

A introdução de um referencial que, pressupondo a existência de um instrumento de medição, tende a uma "política do algarismo" como parte de uma "governança por números"[20] leva, inevitavelmente, a uma mudança nos princípios aplicáveis à gestão pública tradicionalmente dominada pelo imperativo de regularidade e caracterizada pela aplicação de regras derrogatórias do direito comum: embora o direito administrativo tenha sido concebido como expressão da singularidade irredutível de uma administração vista como responsável e garantidora de um interesse público que abrange as relações econômicas, ele tende a ser marcado pela lógica econômica que se tornou hegemônica.[21] As diferentes categorias do direito administrativo foram progressivamente reformuladas em nome do imperativo de desempenho: as reformas do estatuto da função pública visam melhorar a avaliação e levar em consideração o desempenho dos interessados; o Código Geral da Propriedade das Pessoas Públicas visa promover uma política patrimonial ativa, com o objetivo de valorizar o domínio público. A própria jurisdição administrativa tem sido levada a integrar a lógica do desempenho, por meio da referência ao princípio gerencial de custos/benefícios, do fortalecimento da eficiência do controle jurisdicional e da adoção de reformas destinadas a melhorar suas modalidades de funcionamento.

---

[18] Nota dos tradutores: No original *"Révision générale des politiques publiques"* ou Revisão Geral das Políticas Públicas.

[19] Nota dos tradutores: No original *"Modernisation de l'action publique"* ou Modernização da Ação Pública.

[20] Alain Supiot, *A Governança pelos números*, Paris, Fayard, 2015.

[21] Jacques Caillosse, *O Estado do direito administrativo*, Paris, LGDJ, nº 56, 2. ed., 2017.

A reforma da alta função pública resultante do decreto de 8 de junho de 2021 se baseia em uma lógica idêntica: o objetivo é mudar os métodos de recrutamento para torná-los mais abertos à sociedade, repensar o conteúdo do treinamento para evitar o "pensamento único", que muitas vezes é a regra, e, finalmente, modificar o desenvolvimento das carreiras criando mais pontes ao longo da vida profissional e recusando que os jovens altos funcionários tenham acesso imediato aos postos mais altos, com a "garantia de que nunca os deixarão". Ao substituir o Instituto Nacional do Serviço Público (INSP)[22] pelo ENA[23] e criar um corpo único de administradores do Estado, agrupando dezesseis corpos existentes agora substituídos por estatutos de emprego, busca-se melhorar o desempenho daqueles que estão no topo do aparato do Estado, construindo "algo que funcione melhor": ao fazer isso, toca-se em um elemento essencial que está, como visto, no centro do modelo de Estado francês.

A lógica do desempenho, que doravante fundamenta as políticas de reforma do Estado, contribui para uma mudança profunda na concepção tradicional do serviço público: à visão de um universo radicalmente distinto do mundo dos negócios e, acima de tudo, preocupada com a regularidade, sucede a imagem de serviços que precisam tirar o melhor proveito possível dos recursos materiais e humanos a eles alocados, melhorando constantemente sua produtividade e seu rendimento. Entretanto, essa lógica permanece ambígua. Com o objetivo de "fazer melhor com menos", a noção de desempenho tem duas facetas: por um lado, melhorar o serviço prestado, por meio de uma preocupação com a qualidade; por outro, reduzir seu custo de funcionamento, por meio de um esforço para melhorar a produtividade. No entanto, muitas vezes é preciso decidir entre a melhoria da qualidade do serviço e a economia de recursos, e a crise nas finanças públicas leva a privilegiar o segundo imperativo: a redução de custos justificará a diminuição do número de funcionários, o fechamento de determinados estabelecimentos e o reagrupamento das implantações territoriais, mesmo que seja prejudicada a qualidade do serviço; o Defensor dos direitos[24] poderá, assim,

---

[22] Nota dos tradutores: No original "*Institut national du service public*".
[23] Nota dos tradutores: No original "École Nationale d'Administration" ou Escola Nacional de Administração.
[24] Nota dos tradutores: No original "*Défenseur des droits*", é uma autoridade administrativa independente inscrita, em 2011, no artigo 71-1 da Constituição da França, tendo por missão, entre outras, lutar contra as discriminações e promover a igualdade, bem como defender os direitos dos usuários do serviço público.

constatar "os efeitos nefastos da evanescência crescente dos serviços públicos" para as pessoas que mais precisam deles.[25] Nessas condições, provocando a insatisfação tanto dos usuários, que estão descontentes com os serviços oferecidos, quanto dos agentes, que denunciam a deterioração de suas condições de trabalho, a lógica do desempenho não deixa de afetar a imagem dos serviços públicos.

A ênfase dada à lógica do desempenho conduz à atenuação dos particularismos que tradicionalmente caracterizam a gestão pública na França.

## A redução dos particularismos

As políticas de reforma administrativa implementadas na França testemunham a penetração, no seio da esfera pública, dos métodos de gestão privada: as novas ferramentas de gestão utilizadas são, em sua maioria, transpostas do mundo da empresa privada.

A disseminação dos preceitos gerenciais levou à transposição para a administração das técnicas de "gestão de recursos humanos" (GRH) inauguradas no setor privado. "Gerir os recursos humanos" na administração significa que o funcionário deve ser tratado como o assalariado do setor privado, e que as diferenças de estatuto são obscurecidas ou se tornam secundárias em relação às exigências comuns: tanto na administração quanto na empresa privada, os indivíduos são vistos como um potencial, um "recurso", que deve ser utilizado da melhor forma possível, dentro de uma lógica de "otimização"; e deve-se buscar constantemente melhorar o nível de satisfação dos interessados, a fim de aumentar sua motivação e favorecer sua identificação com a organização. A administração está, portanto, sendo solicitada a ir além da abordagem jurídica e orçamentária clássica, por meio da qual ela "administrava" seu pessoal, para adotar a abordagem que é a das empresas privadas; e os instrumentos de gestão aos quais ela vai recorrer para esse fim não são muito diferentes daqueles do setor privado (gestão prospectiva dos empregos, treinamento, mobilidade, círculos de qualidade etc.).

A responsabilização dos gestores se inscreve nessa mesma perspectiva. Isso significa que eles têm novas margens de manobra,

---

[25] Relatório de 2018.

a fim de que possam tomar as medidas necessárias para melhorar a qualidade do serviço que gerenciam. Estabelecida como princípio fundamental do NPM,[26] essa exigência implica a autonomização dos serviços operacionais. Como todos os preceitos do NPM, essa construção é amplamente inspirada nos princípios de organização em vigor nas empresas privadas, usando a distinção principal/agente: o Estado também deve ser concebido como o "principal", confiando às "agências" – às quais fornece recursos, mas que, em troca, devem prestar-lhe contas – a produção concreta de bens e serviços; a agencificação marcaria, assim, a mudança da figura tradicional do "Estado-ministério", no fundamento da edificação do Estado moderno, para a do "Estado-empresa", cuja organização teria como objetivo satisfazer os usuários-clientes da melhor forma possível.

Essa lógica de responsabilização vai além da fórmula da agência e se estende ao aparato do Estado como um todo, como demonstram os princípios de organização associados à reforma orçamentária de 2001: cada programa previsto pela lei de finanças é, na verdade, dirigido por um responsável, que se compromete com os objetivos fixados; a fim de oferecer os meios para cumprir essa missão, a LOLF[27] concede a esse responsável uma grande liberdade de gestão, com as várias dotações à sua disposição (despesas de pessoal, de funcionamento, de investimento etc.) sendo reagrupadas em um único envelope e a possibilidade de serem redistribuídas entre as diferentes linhas de crédito.

A impregnação dos valores do setor privado se encontra também na nova percepção do administrado, que está no centro das políticas de reforma: o estatuto de *"usuário"*, que marcava a especificidade da relação com o setor público, tende a desaparecer em favor da transposição de uma relação mais banal de clientela. No final das contas, o usuário também não seria mais que um "cliente", que espera que a administração satisfaça suas aspirações da melhor forma possível. Nessa perspectiva, os serviços administrativos são obrigados a ajustar os serviços oferecidos de acordo com a demanda, o que implica analisar metodicamente as necessidades e expectativas do público, adotar uma política ofensiva e proativa em relação a eles e melhorar a qualidade do desempenho.

---

[26] Nota dos tradutores: *New Public Management (NPM)*, no original em inglês, pode ser traduzido para o português como "nova gestão pública".

[27] Nota dos tradutores: Lei Orgânica nº 2001-692, de 1º de agosto de 2001, que dispõe sobre as leis de finanças públicas na França.

A banalização dos princípios aplicáveis à gestão pública conduz a se interrogar sobre a validade dos *dispositivos jurídicos* que foram as testemunhas, os guardiões e os garantidores da especificidade irredutível do setor público: assim que o Estado é convidado a se inspirar nos preceitos de gestão do setor privado, parece não haver mais justificativa para o particularismo das regras jurídicas a ele aplicáveis.

A evolução do direito público tem se caracterizado por três movimentos convergentes. Em primeiro lugar, seu perímetro foi reduzido em razão da aplicação mais ampla do direito comum às atividades públicas. Essa extensão é essencialmente o produto da primazia concedida, sob o império do direito europeu, a uma ordem concorrencial na qual a economia de mercado se baseia; mas essa lógica foi transposta para o direito interno: o decreto de 01 de dezembro de 1986 relativo à concorrência previa que suas disposições se aplicavam a "todas as atividades de produção, de distribuição e de serviço, incluindo aquelas realizadas por pessoas públicas", e o Conselho de Estado estendeu o princípio às medidas de organização do serviço.

Em segundo lugar, o particularismo das regras de direito público tende a desaparecer: tudo se passa como se o direito privado fosse concebido como o "direito de referência", com o qual o direito público foi convidado a se alinhar, na medida do possível. Os aspectos derrogatórios do direito administrativo foram progressivamente reduzidos em diversas áreas: as sucessivas reformas do Código dos Contratos Públicos buscaram tornar os procedimentos e critérios de adjudicação mais flexíveis e introduzir maior transparência e concorrência; o novo Código Geral da Propriedade das Pessoas Públicas teve o efeito de reduzir o campo de aplicação do domínio público e flexibilizar as regras de gestão do domínio; o direito da responsabilidade administrativa aproxima-se cada vez mais das soluções adotadas pelos tribunais judiciários. Quanto ao estatuto dos funcionários, ele está passando por uma série de evoluções: enquanto um conjunto de disposições visa atenuar a rigidez do estatuto e favorecer a mobilidade, a Lei de Transformação da Função Pública, de 6 de agosto de 2019, ampliou as possibilidades de recurso aos funcionários contratados, em todas as categorias e também em cargos de direção; a fronteira entre os setores público e privado que a lógica estatutária contribuía para cristalizar tende, portanto, a desmoronar. Essa evolução do direito administrativo foi acompanhada do questionamento acerca dos particularismos do sistema de jurisdição administrativa: sob a pressão conjunta das jurisdições europeias, foi realizada uma reavaliação de seus princípios de organização e suas modalidades de funcionamento, ao custo de alinhá-lo com a justiça comum.

Esse desmoronamento dos contornos do direito público não é, no entanto, sinônimo de obsolescência: a constituição jurídica do Estado é muito profundamente enraizada na França para colocar em questão a própria existência do direito público. A permanência do direito público é garantida pela existência de um campo jurídico altamente estruturado, herdeiro de uma longa tradição histórica: a ascensão do direito constitucional em favor do desenvolvimento do controle de constitucionalidade e do direito europeu ocorreu respeitando a linha divisória tradicional entre o direito público e o direito privado. Ocupando um lugar essencial no cerne do Estado e dos circuitos de poder, o Conselho de Estado aparece como o garantidor e guardião dessa continuidade: a inflexão do direito, da qual ele é, em grande parte, o precursor, é com ela compatível; ela apenas reflete um processo de adaptação exigido pelas transformações pelas quais o Estado está passando.

## RECONFIGURAÇÃO

A lógica unitária sobre a qual o aparato de Estado foi construído na França foi questionada por um movimento de fragmentação que resultou na crescente diversificação das estruturas administrativas, no desenvolvimento de sua autonomia e no afrouxamento dos vínculos que asseguravam a integração do conjunto e preservavam a coesão do todo.

### Um Estado plural

A aclimatação na França da fórmula das administrações independentes, que até então parecia ser prerrogativa dos países anglo-saxões, é emblemática dessa fragmentação: investidas de funções de regulação econômica e proteção dos direitos fundamentais, essas administrações se apresentam como autoridades isoladas, situadas "fora do aparato", dotadas de garantias de independência orgânica e funcional; implicando que certas funções estatais sejam subtraídas do império da racionalidade política e revelando um "Estado plural" composto por um mosaico de entidades diversas, elas rompem com os princípios que tradicionalmente regem a arquitetura estatal.

A expressão "autoridade administrativa independente" (AAI) apareceu pela primeira vez na lei "Informática e Liberdades", de 6 de janeiro de 1978, relativa à Comissão Nacional da Informática e das Liberdades (CNIL): mas o que foi concebido como uma fórmula *sui generis* foi posteriormente estendido a muitas outras áreas; a construção subjacente da categoria das AAI será o produto de iniciativas convergentes da doutrina jurídica, das jurisdições administrativas e constitucionais e do Parlamento. A proliferação dessas autoridades nas décadas seguintes (havia cerca de quarenta delas) foi acompanhada por um movimento crescente de diversificação, envolvendo não apenas seu campo de atividade, mas também sua composição, seus poderes (atribuição ou não de um poder de sanção) e seu estatuto: algumas dessas autoridades, denominadas "autoridades públicas independentes", foram dotadas de personalidade jurídica, e o Defensor dos direitos,[28] criado em 2011, foi qualificado como "autoridade constitucional independente". A adoção de um estatuto geral (20 de janeiro de 2017) tinha por ambição pôr fim ao empirismo e ao pragmatismo que regeram esse desenvolvimento: definindo a lista dessas autoridades (26), o texto estabelece um conjunto de regras comuns relativas à organização, à deontologia, às condições de funcionamento e às modalidades do controle parlamentar; mas essa estrutura tem um escopo apenas relativo, pois o Parlamento continua controlando a possibilidade de criar novas autoridades.

## Uma República descentralizada

A partir da década de 1980, a relação do Estado com seu território passou por uma profunda mudança: as estruturas administrativas existentes viram sua margem de ação ampliada e sua autonomia fortalecida; tudo se passa como se tivesse se tornado necessário administrar o mais próximo possível dos habitantes, levando em conta os particularismos locais.

A política de *descentralização*, que começou no início da década de 1970 com medidas para promover a autonomia local, foi estendida e ampliada pela reforma de 1982, que alterou profundamente a estrutura de organização territorial: as competências que as coletividades locais

---

[28] Vide acima.

receberam, notadamente em matéria econômica e social, combinadas com o aumento dos recursos financeiros e humanos e a supressão das formas clássicas de tutela, deram a elas a possibilidade de desenvolver políticas genuínas.

Um novo passo foi dado com a reforma constitucional de 28 de março de 2003. A inclusão na Constituição do princípio de descentralização (embora a República permaneça indivisível, "sua organização é descentralizada" – art. 1º) e do princípio de subsidiariedade, que é seu corolário (art. 72, al. 2), foi acompanhada por uma série de disposições (concessão às coletividades territoriais do "poder regulamentar para o exercício de suas competências", bem como da faculdade de "derrogar, em caráter experimental e com finalidade e duração limitadas", as disposições legislativas e regulamentares em vigor, garantindo sua autonomia financeira, reconhecendo novos direitos para os habitantes etc.) que dão à descentralização uma nova dimensão. Complementada por três leis orgânicas sobre referendos locais, experimentação e autonomia financeira, a reforma levou a novas transferências de competências para as coletividades locais.

A nova reforma territorial lançada após 2012 aumentou a complexidade do sistema de organização territorial com a criação de áreas metropolitanas nas maiores aglomerações (lei de 27 de janeiro de 2014), o reagrupamento de regiões (lei de 16 de janeiro de 2015) e o fortalecimento de regiões e intermunicipalidades (lei de 7 de agosto de 2015). Além disso, o princípio da uniformidade foi desafiado por um movimento no sentido de aumentar a diferenciação dos estatutos territoriais, ilustrado pela transição de territórios ultramarinos para um regime de estatutos personalizados e reforçado pela criação de áreas metropolitanas: isso reflete a consideração dos particularismos territoriais até então negados, em razão da concepção unitária do território que prevalecia na França. Um passo adicional foi dado com o estatuto da Nova Caledônia, que vai além da simples descentralização ao romper com a lógica do Estado unitário.

Após 2017, foi lançado um "novo ato de descentralização", com o objetivo de esclarecer a cadeia de competências, financiamentos e responsabilidades: a ambição não era apenas "desembaraçar" as competências do Estado e das coletividades territoriais, mas sobretudo transferir novas competências para essas últimas, vinculadas à "política da vida cotidiana" (habitação, transporte, meio ambiente); ao mesmo tempo, o movimento em direção à diferenciação territorial deve ser ampliado ainda mais, consagrando a possibilidade de as coletividades territoriais exercerem determinadas competências específicas ou derrogarem as disposições legislativas e regulamentares em vigor. A lei "Diferenciação, descentralização, desconcentração, simplificação" (3DS) de 21 de fevereiro de 2022 é a manifestação concreta disso.

Ao mesmo tempo, a década de 1990 marcou uma reviravolta na política de *desconcentração*, com a consagração, também nessa estrutura, do princípio da subsidiariedade: aos serviços locais do Estado que incumbe agora a responsabilidade pelas tarefas de gestão que não são mais da alçada das administrações centrais, sendo-lhes reconhecida uma maior autonomia de gestão, notadamente em questões financeiras. Relançado depois de 2002 e depois de 2007 como parte da "reforma da administração territorial do Estado" (RéATE), o movimento levou à adoção, em 2015, de uma nova carta de desconcentração, reforçando o nível regional e a coesão dos serviços desconcentrados. Reafirmando o lugar essencial do nível departamental na implementação das políticas públicas e a posição central ocupada pelo prefeito do departamento nessa organização, a reforma da "organização territorial do Estado" (OTE) que se seguiu após 2017 deu aos serviços desconcentrados novas margens de manobra em matéria de gestão orçamentária e recursos humanos.

## Uma administração fragmentada

As atividades de produção de bens e serviços tendem também a ser delegadas a operadores autônomos públicos ou privados.

Diretamente inspirada na doutrina do *NPM*, a criação de agências baseia-se na dissociação das chamadas funções "estratégicas", que são de responsabilidade do aparato central do Estado, e das chamadas funções "operacionais", que são confiadas aos serviços de gestão: em troca dos compromissos que são chamados a assumir em termos de objetivos e de uma avaliação periódica dos resultados obtidos, esses últimos recebem novas margens de manobra para melhorar o desempenho público.

Embora esse modelo gerencialista de dissociação das responsabilidades de elaboração e implementação de políticas públicas tenha tido uma força de atração inegável também na França, como demonstrado pela proliferação de agências a partir da década de 1990, isso foi acompanhado por uma grande diversidade no que concerne tanto a seu estatuto quanto a suas missões ou seus princípios de funcionamento: o termo foi usado sobretudo em razão de sua dimensão simbólica; a criação de uma "agência" testemunharia a vontade de resolver um problema ou responder a uma demanda social de uma forma que a estrutura administrativa clássica não conseguiria. Dotadas de personalidade jurídica, as agências francesas se beneficiariam, portanto, de uma maior autonomia em relação aos estabelecimentos públicos clássicos. Em resposta a um convite do Conselho de Estado, uma circular de 9 de abril de 2013 esclareceu os critérios a serem levados em conta e as regras a serem observadas na criação de uma agência.

A fragmentação também se reflete no recurso ao setor privado para o exercício das funções estatais. Se a convocação do setor privado para a gestão dos serviços não é novidade, o processo de terceirização assume agora uma dimensão e um escopo diferentes: razões práticas (a crise das finanças públicas, a preocupação com a eficiência etc.), mas também ideológicas (a falta de legitimidade do Estado, a afirmação do princípio da subsidiariedade etc.) estão levando ao envolvimento sistemático dos atores sociais na implementação das ações públicas e na prestação de serviços de interesse coletivo. O desenvolvimento de formas de gestão delegada ou de parcerias público-privada mostra que o Estado está sentindo cada vez mais a necessidade de utilizar o "*savoir-faire*", os recursos e as competências do setor privado.

O modelo unitário sobre o qual foi construído o aparato estatal na França está, portanto, exposto a fortes abalos.

A *arquitetura* estatal, que se tornou *barroca*, perdeu seu rigor e classicismo: o Estado não é mais apresentado como um bloco monolítico, mas como formado de elementos heterogêneos. Essa fragmentação, no entanto, não significa o fim de todos os princípios de ordem: a coesão orgânica do Estado é preservada pela persistência de mecanismos de supervisão que limitam a autonomia das unidades administrativas. Além disso, o movimento de fragmentação é contrabalançado pela existência de poderosos agentes de unificação e pela persistência de reflexos centralistas profundamente enraizados: mesmo que sua arquitetura tenha mudado, o Estado ainda é percebido como incorporando a unidade do corpo social.

\*

O modelo francês de Estado foi, portanto, corroído nas últimas décadas sob a influência de fatores externos e internos que contribuíram para reduzir sua especificidade e abalar suas fundações: "descido do pedestal em que séculos de história o haviam colocado",[29] o Estado perdeu a supremacia, tanto simbólica quanto prática, que tinha sobre a sociedade. No entanto, essa desestabilização encontra certos limites: a existência de fortes expectativas sociais em relação ao Estado mostra que a sociedade francesa continua "escorada em seu Estado",[30] testemunhando a persistência das representações tradicionais; um compromisso entre o modelo estatal herdado da história e uma dinâmica de reforma resultante da influência de modelos estrangeiros acabou sendo alcançado.

Esse equilíbrio é, por essência, instável, permitindo várias perspectivas possíveis de evolução: o choque da pandemia levou a evolução do Estado a uma direção inesperada, com uma aparente reativação do modelo tradicional.

---

[29] Conseil d'État, *Onde vai o Estado?*, t. I, Paris, La Documentation française, 2015.
[30] Pierre Birnbaum, *Onde vai o Estado?*, Paris, Seuil, 2018.

# UM MODELO REVISITADO

A pandemia, enquanto acontecimento global que afetou todos os países, levou à adoção de políticas de notável semelhança; embora tenham sido sustentadas pelo mesmo contexto e tenham recorrido praticamente aos mesmos mecanismos, o seu alcance não foi idêntico, dependendo do modelo de Estado no qual foram inseridas. Na França, a luta contra a pandemia teve repercussões específicas para o Estado, tendo em vista o peso de uma "cultura de Estado" profundamente enraizada, assim como os processos de reforma a que tinha sido submetido anteriormente: o Estado ressurge, mais do que nunca, como a pedra angular do edifício social. Ao ativar a ideia de soberania, esse ressurgimento significou deixar de lado o neoliberalismo que havia imposto seu modelo nas últimas décadas: enquanto o Estado, pego no fogo cruzado da globalização e da europeização, parecia ter perdido sua capacidade de governar a sociedade, ele foi novamente colocado no centro do funcionamento da economia e no centro do jogo social; o conceito de gestão pública, o equilíbrio entre os poderes e a relação com a sociedade foram, da mesma forma, profundamente modificados.

## REATIVAÇÃO DA SOBERANIA

As mudanças ocorridas nas últimas décadas contribuíram para esvaziar o princípio da soberania, que estava no centro da construção do Estado, de uma parte essencial de sua substância: envolvido em um jogo complexo e multidimensional de interações, tanto externa quanto internamente, o Estado parecia ter perdido a autoridade indivisa e o poder supremo que deveriam pertencer a ele por direito próprio.

No entanto, a concepção tradicional de soberania foi reativada no contexto da luta contra a pandemia. Essa reativação não deveria ser considerada como uma surpresa: as epidemias e as guerras estiveram no centro da construção dos Estados, concebidos como entidades soberanas; elas constituíram os momentos de afirmação da instituição estatal, durante os quais foram elaborados os repertórios de ação de polícia e administrativos, que mais tarde seriam usados para outras finalidades. A pandemia foi a oportunidade de restabelecer essa tradição: o recurso a uma retórica de guerra (a ideia de uma "guerra contra o vírus") implicou uma mudança para a órbita da soberania; o Estado irá se apresentar sob os traços tanto de um Estado-fortaleza, investido da missão de proteger a nação contra os riscos de contaminação, quanto de um Estado-poder, titular de uma força irresistível de coerção sobre seus cidadãos.

## O Estado-fortaleza

O reinvestimento do Estado em suas prerrogativas de soberania se refletiu na França, como em outros lugares, na importância dada às fronteiras na luta contra a pandemia: foi no âmbito do Estado que essa luta foi concebida, organizada e implementada. Encontra-se aqui uma constante histórica: como as epidemias são consideradas originárias do exterior, particularmente do Oriente, sempre foram erguidas barreiras para impedir sua "importação" (cordões sanitários, quarentenas etc.).

A Covid-19 confirmou os limites da ordem sanitária mundial: enquanto a Organização Mundial de Saúde (OMS), que deveria estar na linha de frente, foi enfraquecida por uma falta inicial de reação, levando ao questionamento de sua independência, a luta contra a pandemia passou pelo prisma estatal. Medidas unilaterais de controle de deslocamentos, de fechamento de fronteiras e de quarentena dos viajantes vindos de outros países foram tomadas na tentativa de conter a disseminação do vírus. Embora essas medidas tenham derrogado o princípio da livre circulação, que é um dos pilares da União Europeia, elas foram, no entanto, por ela aceitas: as políticas de combate da pandemia foram consideradas como sendo da competência dos Estados-membros; as recomendações adotadas em outubro de 2020 para "coordenar as medidas capazes de afetar a livre circulação" não eram vinculativas e tinham um alcance reduzido, assim como o agrupamento dos pedidos de vacinas.

Assim, o Estado procurou afirmar sua competência exclusiva para tentar conter, dentro da estrutura e protegido por suas fronteiras, um fenômeno, no entanto, de dimensão global.

## O Estado-poder

A soberania do Estado se expressa por meio das medidas adotadas para combater a epidemia: uma série de restrições foi imposta ao exercício dos direitos e liberdades individuais e coletivos. Os indivíduos foram obrigados a cumprir restrições severas, sob a ameaça de sanções, limitando sua mobilidade, suas atividades e sua vida social: desde as restrições à liberdade de circulação durante os períodos de confinamento total ou parcial até a obrigação do uso de máscara, foi estabelecido um controle rigoroso sobre o comportamento dos indivíduos; mas o próprio exercício das atividades econômicas e sociais dependeria das decisões de autorização ou de restrição tomadas pelo Estado, em função da evolução do contexto sanitário. Mais do que nunca, o Estado parece ter um poder irresistível de coerção, o que lhe permite impor sua lei ao corpo social.

Esse afastamento das liberdades inerentes ao sistema do Estado de direito, em nome da luta contra a pandemia, foi alcançado pela introdução (lei de 23 de março de 2020) de um "estado de emergência sanitária" (EUS), que dá a possibilidade, no caso de uma ameaça "que coloque em perigo, por sua natureza e gravidade, a saúde da população", de se afastar da estrutura jurídica normal: essa medida se apresenta como um ato de soberania, dotando os governantes de poderes jurídicos exorbitantes do direito comum. Adotado com o aval do Parlamento, esse "estado de emergência sanitária" foi vagamente submetido aos controles jurisdicionais: enquanto o Conselho Constitucional, considerando que o respeito aos direitos e às liberdades deveria ser alinhado com o "objetivo de valor constitucional de proteção à saúde", absteve-se de questionar os equilíbrios definidos pelo legislador, o Conselho de Estado, provocado por meio do *référé-liberté*,[31]

---

[31] Nota dos tradutores: Segundo o sítio eletrônico da administração francesa (www.service-public.fr), por meio do *référé-liberté*, pode-se solicitar uma medida temporária em caráter emergencial se uma decisão administrativa violar de forma grave e manifesta uma liberdade fundamental (liberdade de reunião, liberdade de expressão, direito de propriedade etc.). A solicitação é enviada ao tribunal administrativo, sem a necessidade de assistência de um advogado, e o juiz deverá decidir em até 48 horas, podendo o interessado contestá-la perante o Conselho de Estado. Acesso em: 06 fev. 2024.

validou quase todas as medidas tomadas, pelo menos durante o período inicial. Sem dúvida, esse regime de exceção foi introduzido no Código da Saúde Pública em caráter temporário e a sua aplicação foi limitada no tempo: no entanto, os poderes reconhecidos ao Poder Executivo foram essencialmente renovados nos textos que organizaram a saída, e depois a extinção, do estado de emergência sanitária.

Ao contrário dos países que preferiram apostar na confiança e na responsabilidade dos cidadãos, a coerção foi o caminho escolhido na França desde o início: o sistema de derrogações instituído durante o confinamento foi colocado sob o controle da polícia, e o não cumprimento das regras era passível de sanções penais: isso levou de volta ao modelo tradicional de relações entre o Estado e os cidadãos com base na autoridade e na coerção. Diante da onipotência do Estado e da ausência de qualquer direito de escrutínio sobre as decisões tomadas, os comportamentos sociais resultaram, ao menos em um primeiro momento, na aceitação resignada das medidas que foram impostas, mesmo as mais rigorosas: embora as reações tenham sido posteriormente mais fortes, notadamente no que diz respeito à campanha de vacinação, elas não comprometeram seu êxito. O baixo nível de confiança depositado nos governantes e na validade das decisões tomadas não colocou em causa a submissão ao poder do Estado: ostensivamente reafirmada, essa submissão passou por instrumentos de vigilância digital da população, por meio de aplicativos de rastreio de possível exposição ao vírus (StopCovid) ou de controle do estado de saúde dos indivíduos (passe sanitário e depois de vacinação).

A reativação da soberania do Estado vai além do campo unicamente sanitário. Enquanto o processo de liberalização do comércio aparentemente o privou de toda relevância na esfera econômica, a constatação da vulnerabilidade e da fragilidade das cadeias de suprimentos no domínio sanitário levarão a uma conscientização mais ampla acerca das consequências do desenvolvimento de "cadeias de valores globais": a reorganização das cadeias de produção e a relocalização de setores estratégicos, com o objetivo de "ganhar em independência e em soberania", são agora apresentadas como objetivos prioritários; e parece indispensável proteger os setores estratégicos das tentativas de predação por interesses estrangeiros. Do mesmo modo, o domínio das tecnologias digitais é agora percebido como um desafio fundamental.

A soberania tende, assim, a se tornar novamente a orientação e o princípio de legitimação do intervencionismo estatal.

O forte ressurgimento da ideia de soberania é acompanhado pela redescoberta da lógica do Estado do bem-estar social, o qual parecia ter se tornado obsoleto com o triunfo do neoliberalismo.

## RESSURGIMENTO DO ESTADO DO BEM-ESTAR SOCIAL

A luta contra a pandemia levou a um retorno da proteção que o Estado exerce sobre a vida social: o Estado ressurge como o grande mestre do jogo econômico e o grande organizador da vida social. Esse ressurgimento não é surpreendente: o Estado do bem-estar social se desenvolveu, com efeito, ao longo do século XX na esteira das diferentes crises (a Primeira Guerra Mundial, a crise dos anos 1930, a Segunda Guerra Mundial) que perturbaram o funcionamento normal da sociedade; os mecanismos usuais de regulação não eram mais eficazes, e a intervenção do Estado foi necessária para assegurar a sobrevivência do corpo social. O Estado do bem-estar social foi construído a partir desses momentos de crise, que deixaram a cada vez rastros e sedimentos duradouros. A crise sanitária levou à redescoberta do papel central atribuído ao Estado em tempos de crise, conduzindo, contrariamente à doxa neoliberal, a uma nova forma de intervencionismo estatal: a prioridade dada pelo Estado à proteção da saúde fará com que a economia seja colocada sob sua tutela.

## O imperativo de proteção à saúde

Com a primazia dada à saúde sobre todas as outras considerações, econômicas ou sociais,[32] há um retorno ao princípio fundador do sistema de proteção social sobre o qual o Estado do bem-estar social construiu sua legitimidade. O objetivo, absolutamente declarado, é salvar vidas "custe o que custar", mesmo que isso signifique bloquear o funcionamento da máquina econômica e romper com as formas de sociabilidade: a vida é apresentada como o valor supremo, que o Estado é obrigado a garantir a todo custo. Está-se aqui no coração da "biopolítica" evocada por Michel

---

[32] "A prioridade absoluta para nossa Nação será nossa saúde" (Emmanuel Macron, 12 de março de 2020).

Foucault,[33] uma "nova economia geral do poder" dominada pela ideia de "segurança", que emergiu no final do século XVIII, com o objetivo de gerir a "população" por meio do recurso a dispositivos de proteção, controle e regulamentação destinados a minimizar os riscos associados ao ambiente. Para Foucault, essa biopolítica não era, de forma alguma, exclusiva de dispositivos "disciplinares", baseados no controle dos corpos: esses dispositivos herdados do passado (confinamento, quarentena, toque de recolher) foram encontrados novamente na luta contra a pandemia. A mobilização de recursos materiais e humanos, o levantamento das restrições impostas aos hospitais e a valorização do trabalho dos profissionais de saúde na linha de frente da luta contra a epidemia foram a expressão tangível da prioridade dada à questão sanitária.

## O retorno do dirigismo econômico

A prioridade dada à luta contra a epidemia levou ao dirigismo econômico, envolvendo, por um lado, as medidas radicais de restrição ou de controle das atividades econômicas e, por outro, a adoção compensatória de medidas de apoio destinadas a garantir a preservação da economia nacional: a crise sanitária se traduziu, portanto, no recurso ao intervencionismo estatal em completa ruptura com a ortodoxia neoliberal. A crise de 2008, sem dúvida, já havia servido como um alerta inicial: o Estado foi então forçado a intervir em grande escala para reerguer o sistema financeiro e evitar o risco de colapso da economia; mas essa intervenção foi percebida como temporária, e a recuperação da situação econômica levou o Estado a retomar o lugar que lhe havia sido designado. A crise de 2020 teve um alcance infinitamente mais grave, na medida em que paralisou abruptamente a máquina econômica: o Estado assumiu novamente o papel de dirigir a economia, em um contexto que foi apresentado como um retorno à "economia de guerra".

Desde o início de março, as medidas tomadas no âmbito da polícia sanitária levaram a severas restrições às atividades econômicas; em seguida, foi adotado um sistema geral, a lei de emergência sanitária de 23 de março de 2020, que autorizou o governo a legislar por meio de decretos para lidar com as consequências econômicas,

---

[33] *Segurança, território, população. Palestras no Collège de France 1977-1978*, Paris, EHESS-Gallimard-Seuil, 2004.

financeiras e sociais da propagação da epidemia e as medidas de confinamento: o exercício das atividades econômicas ficou sujeito à autorização e à supervisão decididas unilateralmente pelo Estado. O fim do confinamento e a saída do estado de emergência sanitária não significaram, contudo, o fim das restrições impostas aos agentes econômicos, as quais foram apenas adaptadas conforme a evolução do contexto sanitário.

A preocupação de assegurar a manutenção do tecido econômico, evitando a falência em cadeia e o risco de desemprego em massa,[34] levou o Estado a adotar um sistema de desemprego parcial, assim como de medidas pontuais de auxílio às empresas: foi criado um fundo de solidariedade para as pequenas empresas e o Estado garantiu que todas elas pudessem obter os empréstimos bancários de que necessitavam. O montante desse plano de apoio à economia foi significativamente reavaliado pelas leis de finanças retificadoras posteriores, complementadas pela adoção de planos de apoio setorial (turismo, automotivo, aeronáutico, tecnologia); o plano de recuperação que entrou em vigor em setembro de 2020 coloca o Estado no centro do jogo econômico, erigindo-o como a força motriz da recuperação.

Todas essas medidas lembram singularmente os instrumentos da "economia de guerra" que foram instituídos durante as duas guerras mundiais: de fato, em um contexto muito diferente, encontram-se alguns dos mecanismos implementados pelo Estado para garantir a continuidade do aparato de produção e mobilizar o capital humano essencial para mantê-lo em funcionamento, ao custo da emancipação da estrutura jurídica tradicional. No entanto, o termo é enganoso: nesse caso, não houve racionamento ou controle de preços; o Estado não chegou ao ponto de organizar a produção e de planejar a economia. O dirigismo estatal substituiu de fato a lógica de mercado, mas de novas maneiras, irredutíveis àquelas implementadas durante as guerras.

A figura do Estado do bem-estar social, garantidor do desenvolvimento econômico e do bem-estar coletivo, ganhou, assim, uma nova relevância com a luta contra a pandemia. No entanto, o contexto de crise sanitária conferiu a essa figura características singulares ou mesmo paradoxais: o Estado teve suas funções dilatadas ao extremo, exercendo um controle avassalador sobre a vida social. O ressurgimento

---

[34] "Nenhuma empresa, independentemente de seu tamanho, ficará exposta ao risco de falência" (Emmanuel Macron, 16 de março de 2020).

do Estado do bem-estar social, portanto, tende a parecer puramente circunstancial.

A crise sanitária ainda colocará à prova os princípios de organização e de funcionamento do aparato do Estado.

## A ADAPTAÇÃO DO APARATO DE ESTADO

Confrontado com a pandemia, o Estado passou por um processo de adaptação: os princípios que orientavam sua ação e controlavam sua arquitetura foram modificados para permitir que ele lidasse com a crise sanitária. Ao fazer isso, volta-se a um dado bem conhecido: as crises sempre foram uma força motriz poderosa na transformação do Estado; rompendo com o curso normal dos acontecimentos e criando uma brecha na estrutura normativa, elas implicam o recurso a inovações que deixarão marcas mais ou menos profundas e duradouras. Conduzindo à reavaliação dos procedimentos de gestão pública, a crise resultou em novos equilíbrios institucionais.

### A reavaliação da gestão pública

A crise sanitária colocou em evidência os efeitos deletérios da aplicação acrítica aos serviços públicos da lógica de desempenho inerente aos preceitos do *NPM*, a começar pelo caso emblemático dos hospitais, aos quais foi atribuída uma posição central na luta contra a pandemia.

De fato, especialmente durante a primeira onda da pandemia, os hospitais se viram à beira da asfixia, em razão da superlotação dos serviços de internação e de tratamento intensivo; eles somente conseguiram resistir à custa da dedicação das equipes médicas e de medidas drásticas de emergência (conversão de leitos, adiamento de operações, transferência de pacientes etc.). Durante muitos anos, a situação dos hospitais públicos foi denunciada como o resultado da aplicação de métodos de gestão e gerenciamento provenientes do setor privado: com o objetivo de reduzir os déficits e de tornar os serviços mais eficientes, esses métodos levaram à reforma do sistema de financiamento (cobrança de acordo com a atividade, 2003), das práticas de atendimento, da organização do trabalho e das estruturas de poder dentro de um hospital concebido como uma empresa privada e sujeito ao controle vigilante das "agências regionais de saúde" (2009); uma série de reformas sucessivas levou a uma profunda transformação na forma como os hospitais e, de forma mais geral, os estabelecimentos de saúde operam, minando a ética profissional à qual os funcionários estavam vinculados.[35] Ao fazer isso, os hospitais simplesmente se curvaram à nova "cultura do desempenho", que está intrinsecamente ligada à ascensão do *NPM*: o objetivo de reduzir custos justificou a redução do número de funcionários, o fechamento de determinados estabelecimentos e o reagrupamento de implantações territoriais, mesmo que a qualidade do serviço tenha sido prejudicada.

Os hospitais somente conseguiram lidar com as consequências da pandemia porque as restrições impostas a eles foram suspensas; e um compromisso foi assumido, a partir do *"Ségur de la santé"*,[36] para a "refundação do sistema de saúde" em novas bases. A crise sanitária marca, portanto, o fim de certas ilusões causadas pela moda do *NPM* que havia conquistado a França desde os anos 2000: a pertinência de um modelo que relativiza o particularismo da gestão pública e a convida a se inspirar nos métodos de gestão do setor privado passou a ser contestada;[37] mesmo as organizações internacionais, que tinham sido ardentes propagadoras desse modelo, finalmente se distanciaram dele.

A crise sanitária não só levou ao questionamento da aplicação dos preceitos do *NPM* aos serviços públicos, a partir do caso emblemático dos hospitais; ela também serviu para revelar disfunções, testemunhando a persistência, além dos processos de reforma, das regras rígidas ligadas ao modelo administrativo tradicional.

A gestão da pandemia pelo Estado foi, de fato, caracterizada por uma série de falhas e deficiências, evidenciadas pelas comissões parlamentares de inquérito, e que tinham todas as características de uma "crise organizacional".[38] Falta de pensamento estratégico: embora a ameaça de uma epidemia estivesse presente há muito tempo, nenhum plano de emergência havia sido concebido para lidar com ela. Insuficiência dos meios necessários para combatê-la: a escassez de máscaras, resultado de uma política míope que privilegiava a gestão

---

[35] "A administração hospitalar: reformas contínuas e crises intermináveis", *Revue française d'administration publique*, nº 174, 2020.

[36] Nota dos tradutores: consulta aos atores do sistema de saúde, promovida pelo governo francês, no período de 25 de maio a 10 de julho de 2020, durante a pandemia da Covid-19.

[37] Nicolas Matyjasik et Marcel Guénoun (dir.), *Acabar com o* New Public Management, Paris, IGPDE, 2019.

[38] Henri Bergeron, Olivier Borraz, Patrick Castel et François Dedieu, *Covid-19: uma crise organizacional*, Paris, Presses de Sciences Po, 2020.

"de fluxo" em vez da gestão "de estoque", foi a ilustração por excelência da falta de materiais, que também foi encontrada em equipamentos de reanimação e testes. Falta de capacidade de resposta: embora os alertas sobre o risco de uma epidemia tenham sido emitidos já em janeiro, foi necessário esperar até o fim de fevereiro para que as primeiras medidas fossem tomadas. Centralização das decisões tomadas no nível mais alto do Estado, sem nenhum processo de concertação, e aplicadas de maneira uniforme em todo o país, sem levar em conta as particularidades locais. Compartimentação administrativa, em detrimento da necessidade de coordenação. Lentidão dos procedimentos, ilustrada pela multiplicação das restrições regulamentares. Terceirização dos conhecimentos especializados, pelo recurso a consultorias privadas. Todas essas deficiências foram corrigidas apenas parcialmente com o avanço da epidemia. Denunciando uma "falta de antecipação", "planos insuficientemente elaborados" e "uma falta de organização geral para o gerenciamento de crises", o Conselho de Estado determinou que era necessário "rearmar o Estado" para lidar com situações de crise.[39]

A crise sanitária proporcionou, portanto, uma oportunidade para redesenhar os contornos da gestão pública: ela levou a revisitar a noção de desempenho público e a colocar em evidência a rigidez administrativa herdada do passado.

## As inflexões institucionais: o poder, a urgência e a ciência

A crise sanitária levou a mudanças no equilíbrio de poder dentro do Estado.

Como em contextos anteriores de guerra, ela envolveu primeiro a concentração de poder nas mãos do Executivo: enquanto a lei de 23 de março de 2020 lhe dava poderes exorbitantes sob o título de "estado de emergência de saúde", com o Parlamento sendo apenas "informado sem demora" das medidas tomadas, o governo tinha o poder de tomar medidas de emergência econômica por meio de decretos; a maioria desses poderes exorbitantes foi mantida sob o regime transitório de saída do "estado de emergência de saúde". Embora às vezes objeto de debate durante longas horas, o Parlamento tinha pouquíssima influência no conteúdo das sucessivas leis, que eram adotadas segundo

---

[39] "Os estados de emergência: a democracia sob pressão", Études et documents, nº 72, 2021.

um procedimento célere e alteradas apenas pontualmente, e os decretos não eram submetidos a ele para ratificação: ele era levado a endossar essencialmente as decisões tomadas pelo Executivo; o controle parlamentar era exercido principalmente de forma retrospectiva, por meio das comissões de inquérito e informação criadas pelas duas casas legislativas. Quanto à ideia de envolver a sociedade civil no processo decisório, dentro da estrutura da "democracia sanitária", ela foi descartada em nome da urgência.

A crise sanitária acentuou o movimento de hiper-presidencialização do regime político. No âmbito do Executivo, o presidente da República procurou, de fato, ter uma autoridade indivisível: apresentando-se desde o início como o líder da guerra contra o vírus (12 de março de 2020), ele reivindicou a responsabilidade pelas escolhas essenciais. A política seguida foi decidida no âmbito dos "conselhos de defesa e segurança nacional" (CDSN), colocados sob sua presidência: reunindo cada semana um número muito restrito de participantes (alguns ministros, altos funcionários e especialistas) submetidos a uma estrita confidencialidade, o CDSN suplantou, de fato, o Conselho de Ministros fadado a uma mera câmara de registro.

A implementação concreta dessas orientações foi incumbida ao primeiro-ministro, que recebeu poderes de polícia em caso de emergência sanitária, com o respaldo dos prefeitos ao nível local, enquanto a adoção de medidas relativas à organização e ao funcionamento do sistema de saúde era de responsabilidade do ministro da Saúde, em conjunto com o diretor geral da Saúde, que também estava no centro do sistema de comunicação. Encarregados de tomar "as medidas gerais ou individuais para aplicar" as medidas decididas em nível nacional, os prefeitos dos departamentos ainda tinham o poder, com o objetivo de adaptá-las à diversidade dos contextos locais, de decidir eles mesmos, sob a orientação do diretor geral da Agência Regional de Saúde, sobre as medidas a serem tomadas em nível departamental. Por outro lado, as ordens de polícia que os prefeitos dos departamentos haviam tentado tomar, segundo seus poderes gerais de polícia, foram suspensas durante o "estado de emergência sanitária". A crise sanitária foi gerenciada verticalmente pelo Estado, à custa de tensões com os representantes eleitos locais, as quais só foram resolvidas parcialmente com o tempo.

A gestão da crise sanitária foi marcada, particularmente, pela importância dada ao conhecimento científico. A gravidade do contexto da pandemia levou à criação de um "conselho científico", composto por especialistas de diferentes domínios, envolvidos e encarregados de "elucidar a tomada de decisões públicas na gestão da situação sanitária": as condições de criação desse conselho, o mandato conferido a seus membros e a publicidade em torno de seus pareceres mostraram a intenção dos governantes em cercar de uma garantia científica as difíceis escolhas que tinham de fazer. Portanto, pode-se argumentar que a luta contra o vírus foi marcada pelo advento de um "governo de especialistas", com decisões tomadas "sob o comando de cientistas": no entanto, os governantes não hesitaram em se distanciar de certas recomendações do conselho científico em vários momentos da luta contra a pandemia. Outros parâmetros além dos dados de saúde foram considerados, em particular as implicações econômicas e sociais das medidas tomadas e o grau de aceitabilidade da população.

\*

A provação do coronavírus, portanto, mudou a face do Estado: liderando a luta contra a pandemia e ativando, a esse título, suas prerrogativas soberanas, ele emergiu como o grande mestre do jogo econômico e o grande organizador da vida social. A questão é saber se essa atualização de alguns dos elementos constitutivos do modelo tradicional de Estado está destinada a ser um mero parêntese, fechando-se com o fim da pandemia, ou se deixará traços duradouros, orientando o futuro do Estado em novas direções.

# 4

# UM MODELO REDESENHADO

Embora não seja simplesmente um reflexo do passado e tenha novas características, a figura do Estado que se desenha na saída da crise sanitária[40] e no início de um novo mandato presidencial está repleta de incertezas. Essas incertezas decorrem, em primeiro lugar, de restrições externas: enquanto a pandemia ainda não foi erradicada e há o risco de o vírus se tornar endêmico, a guerra desencadeada pela Rússia na Ucrânia em fevereiro de 2022 abalou a ordem europeia, rompendo com a ideia até então bem estabelecida de paz duradoura na Europa; ao mesmo tempo, as tensões estão aumentando nas relações internacionais, com o risco de levar a uma nova "guerra fria". E a questão climática está se tornando cada vez mais preocupante, representando uma séria ameaça ao futuro do planeta. Nesse contexto, o movimento de retorno do Estado, que foi delineado durante a Covid-19, parece se confirmar, mas as fortes tensões que atravessam a sociedade francesa e as profundas divisões políticas que surgiram durante a última eleição presidencial certamente terão um impacto na configuração do Estado. O futuro do Estado dependerá da maneira como serão resolvidas e ultrapassadas as diferentes dificuldades com as quais ele é agora confrontado.

---

[40] "Muitas certezas foram deixadas de lado e serão colocadas em questão: no dia seguinte, quando tivermos vencido, não retornaremos ao dia anterior" (Emmanuel Macron, 16 de março de 2020).

## AS DIFICULDADES DA SOBERANIA

Reativada com a crise sanitária, a questão da soberania ocupa agora um lugar de destaque no discurso político e nas políticas públicas. Sem dúvida, a imagem de um "mundo sem soberania", que havia florescido com a ascensão da globalização, era ilusória. Mas o entrelaçamento cada vez maior das economias e o fortalecimento da interdependência entre Estados pareciam testemunhar a construção gradual de uma ordem mundial, esvaziando o princípio da soberania de parte de sua substância. Embora as fundações dessa ordem tenham sido estabelecidas, ela continua frágil e foi exposta a fortes abalos nos últimos anos: produziu-se um movimento de desestabilização, resultante do aumento do protecionismo econômico e da rejeição das restrições do multilateralismo; a visão alternativa de uma ordem internacional baseada na soberania dos Estados, defendida notadamente pela China, tornou-se novamente atual.

A nova ênfase dada, na França e em outros lugares, ao princípio da soberania, no entanto, esconde muitas ambiguidades: embora rejeite qualquer ideia de supranacionalidade, o "soberanismo", que agora é amplamente difundido, não pode ir tão longe ao ponto de rejeitar as restrições inerentes à globalização do comércio ou de renunciar aos benefícios da integração em âmbito mais amplo; a invocação da soberania, portanto, tem múltiplas variantes e permite muitas evoluções possíveis. Essas dificuldades se aplicam igualmente à globalização e à europeização.

### Soberania e globalização

A sucessão de crises graves (pandemia, guerra na Ucrânia) e a nova bipolaridade que está surgindo nas relações internacionais interrompem, sem dúvida, o processo de globalização; no entanto, a interdependência das economias e das sociedades é tamanha que exclui qualquer real possibilidade de "desglobalização". Para lidar com questões que ultrapassam suas fronteiras e enfrentar os desafios que os ameaçam, os Estados são obrigados a criar vínculos de interdependência e até mesmo construir relações de cooperação: sejam quais forem as turbulências pelas quais passam, as organizações internacionais criadas por iniciativa deles constituem uma armadura sólida; e os acordos multilaterais vieram para abranger domínios bem amplos, tais como o terrorismo, o clima, os paraísos fiscais ou, mais recentemente, as práticas de otimização fiscal, testemunhando a existência de uma ordem mundial. Obviamente, considerando que o princípio da soberania implica que o Estado não pode ser vinculado sem seu consentimento, o grau de seu envolvimento é suscetível de variações: durante a presidência de Donald Trump, os Estados Unidos se retiraram de uma série de organizações internacionais ou de acordos em nome desse princípio.[41] No entanto, os desafios globais que os Estados enfrentam e as restrições da vida internacional reduzem a possibilidade de escapar da rede de compromissos, convencionais e não convencionais, que foi tecida. A reafirmação da soberania do Estado não tem o objetivo de romper com a globalização, mas de corrigir seus desvios.

O tema da *soberania econômica*, renovado pela crise sanitária, testemunha essa ambivalência. A ênfase dada à consolidação da independência econômica,[42] por meio da relocalização de empresas e do controle dos investimentos estrangeiros, faz parte de uma postura defensiva diante da globalização: o objetivo é reafirmar o controle do Estado sobre as variáveis essenciais das quais depende o equilíbrio econômico; o fato de o Estado ter assumido o controle da economia no contexto da pandemia tem sido um fator poderoso nessa representação de um "Estado-fortaleza", entendido como baluarte contra os desvios da globalização e como detentor de prerrogativas de soberania também na esfera econômica. Essa concepção defensiva do "patriotismo econômico", concebido como "voltado para dentro", contrasta com uma visão mais positiva, que envolve uma estratégia destinada a estimular o desenvolvimento da economia nacional, a fim de melhorar sua posição na concorrência mundial: a ambição não é mais se proteger contra a concorrência externa, mas forjar "uma cultura de inovação, competitividade e atratividade [...] com o objetivo de conquistar mercados internacionais";[43] desta vez, o Estado pretende usar as margens de manobra e os recursos à sua disposição para

---

[41] "Nunca entregaremos a soberania americana a uma burocracia mundial não eleita e irresponsável" (Donald Trump, diante da Assembleia Geral das Nações Unidas, em 25 de setembro de 2018). Joe Biden rebateu essa política, defendendo o multilateralismo (Assembleia Geral das Nações Unidas, em 21 de setembro de 2021).

[42] O plano "França 2030", de outubro de 2021, tem como objetivo "depender menos de países estrangeiros para certos produtos essenciais, certos serviços, certas tecnologias [...] porque durante esta crise vocês experimentaram as consequências da dependência" (Emmanuel Macron, 12 de julho de 2021).

[43] Éric Delbecque, *Qual patriotismo econômico?*, Paris, PUF, 2008.

assegurar a promoção da economia nacional. O plano de investimento "França 2030" (outubro de 2021) visa fortalecer a soberania industrial do país, mirando decididamente na inovação. De qualquer forma, essa estratégia encontra seus limites nos mecanismos de regulação da economia internacional construídos acima dos Estados: a ajuda fornecida pelos Estados para apoiar suas empresas pode ser contestada perante a Organização Mundial do Comércio (OMC) por distorcer o jogo normal do comércio; e o princípio da livre concorrência, no qual se baseia a União Europeia, significa que é necessário lutar contra os obstáculos ou distorções de qualquer natureza que possam ser introduzidos por iniciativa dos Estados-membros, com o objetivo de favorecer suas próprias empresas.

A provável resiliência da globalização, apesar das vicissitudes pelas quais ela está passando, não priva o Estado de toda a capacidade de dirigir a economia: o dirigismo econômico foi, sem dúvida, essencialmente abandonado com o fim da crise sanitária; mas essa última mostrou que a intervenção do Estado é mais necessária do que nunca para assegurar o bom funcionamento da máquina econômica. A *figura do Estado-estratégia*, como resultado da ascensão do neoliberalismo, adquiriu uma nova coloração: o Estado é chamado a conceber e implementar uma política de desenvolvimento coerente, apoiada por instrumentos de reflexão prospectiva, como o "França Estratégia", que lhe permite antecipar futuras evoluções e definir um conjunto de prioridades; ele é responsável notadamente por promover e organizar uma transição ecológica que mudará radicalmente os padrões de produção e consumo.[44] Como disse o presidente da República, em 13 de abril de 2020, "será necessário construir uma estratégia na qual descobriremos o longo prazo, a possibilidade de planejar, a 'sobriedade carbono',[45] a prevenção e a resiliência, que são as únicas maneiras de lidar com crises que estão por vir". Nessa perspectiva, o plano de recuperação de setembro de 2020, construído em torno de três eixos principais (transição ecológica, competitividade das empresas, coesão social e territorial), visa não apenas responder às consequências da crise, mas também "preparar a França de 2030". A reativação, em julho de 2022, da ideia de planejamento para enfrentar o desafio ecológico (criação de um secretário-geral de Planejamento Ecológico ligado ao

---

[44] Antoine Foucher, *O mundo pós-covid. O fim da era neoliberal*, Paris, Gallimard, 2022.
[45] Nota dos tradutores: Redução da emissão de gases de efeito estufa.

primeiro-ministro), a ênfase dada ao tema da soberania (o ministro da Economia e Finanças é responsável pela "soberania industrial e digital" e o ministro da Agricultura pela "soberania alimentar") e a reestatização da EDF[46] refletem uma inflexão no papel do Estado. No entanto, essa concepção proativa e voluntarista do Estado-estratégia não implica uma ruptura com a lógica neoliberal: os planos de recuperação não colocam em questão a superioridade do mercado e o papel dos atores privados no aporte de recursos financeiros; e a estratégia implantada pelo Estado é obrigada a levar em conta as restrições resultantes da globalização do comércio.

A soberania do Estado é confrontada também com o desafio da integração europeia.

## Soberania e europeização

A soberania do Estado está em tensão permanente com a dinâmica da integração europeia, que se traduz pela criação de instituições supranacionais, cujas decisões são obrigatórias para os Estados-membros; e a constante ampliação das competências dessas instituições tende a vincular os Estados cada vez mais estritamente, privando-os de algumas de suas prerrogativas de soberania. A criação da União econômica e monetária, formalizada pelo Tratado de Maastricht, de 7 de fevereiro de 1992, foi um ponto de inflexão essencial a esse respeito: ao desapossar os Estados que entraram na zona euro do privilégio de "cunhar moeda", ela acabou por limitar sua liberdade em matéria orçamentária; e os novos "pilares", essencialmente soberanos, que são a política externa e de segurança comum (PESC), de um lado, a justiça e os assuntos internos, de outro, foram incorporados ao direito comum da União pelo Tratado de Lisboa. Essa dinâmica de evolução da União suscitou reservas na França, como demonstrado pelo debate no momento da ratificação do Tratado de Maastricht: nessa ocasião, surgiu uma "doutrina soberanista" que denunciava esse processo em nome da soberania do Estado; e a rejeição, em 2004, do projeto de tratado que estabelecia "uma Constituição para a Europa" revelou que o debate sobre a natureza da União ainda não estava encerrado.

---

[46] Nota dos tradutores: Électricité de France (EDF), maior geradora de energia da França, cuja reestatização foi concluída em 2023.

O equilíbrio entre soberania do Estado e integração europeia é, por essência, instável, como demonstra a evolução recente. Novos passos adiante foram dados em nível europeu: o plano de recuperação *Next Generation EU*, adotado no final de 2020 para lidar com a crise sanitária, previu o endividamento conjunto, financiado pela criação de impostos europeus; e, diante da invasão da Ucrânia, a União demonstrou notável coesão ao adotar sucessivos planos de sanções. Correlativamente, a necessidade de uma "autonomia estratégica" em relação aos Estados Unidos, defendida pelo presidente da França em setembro de 2017, suscitou menos reservas, e a construção de uma política comum de segurança e defesa foi colocada em pauta, graças ao contexto ucraniano. A ideia de uma "soberania europeia", apresentada pelos líderes francês[47] e europeus, parece assim progredir: no entanto, da forma como está, ela permanece incompleta e truncada; dotando a União do conjunto de atributos de um verdadeiro Estado, ela implicaria ir além do Estado-nação e transformar a União em um Estado federal. Ao mesmo tempo, a supremacia do direito europeu foi questionada em vários países: em 7 de outubro de 2021, o tribunal constitucional polonês conseguiu afirmar a primazia da Constituição polonesa. Embora a presidência francesa, no primeiro semestre de 2022, tenha estabelecido o objetivo de fortalecer a União, o soberanismo esteve fortemente presente durante a campanha presidencial, com a primazia do direito europeu sendo questionada por vários candidatos, apoiados por juristas; e esse debate encontrou eco nos tribunais, acobertado pela referência à "identidade constitucional" da França.[48] A soberania do Estado é chamada a estar em permanente redefinição em função da dinâmica de evolução da União Europeia.

O futuro do modelo francês de Estado depende, portanto, da inflexão do princípio da soberania sob o impacto das restrições externas. A reformulação da questão da segurança envolve dificuldades semelhantes.

---

[47] Ela estava no centro do projeto de refundação da Europa apresentado por Emmanuel Macron, em 26 de setembro de 2017.

[48] Para o Conselho Constitucional (2004, 2006), seguido pelo Conselho de Estado (outubro de 2021), "a transposição para o direito interno de uma diretriz comunitária não pode contrariar uma regra ou um princípio inerente à identidade constitucional da França".

## AS DIFICULDADES DA SEGURANÇA

A segurança está no cerne da instituição do Estado: sua função primeira é preservar a existência do corpo social pela imposição de uma ordem coletiva e assegurar a proteção das pessoas e dos bens contra ameaças de todo tipo; essa exigência justifica a concentração em suas mãos do conjunto dos meios de coerção. À primeira vista, o Estado de direito é uma declinação adicional do princípio da segurança no qual se baseia a construção do Estado moderno. No entanto, essa visão seria muito simples: o Estado de direito representa, com efeito, uma faceta específica do princípio da segurança, já que o objetivo aqui é enquadrar e limitar o poder do Estado por meio do direito; para o Estado, a segurança não é mais um princípio de ação, mas uma restrição ao exercício de suas funções. Portanto, existe uma tensão latente entre esses dois aspectos, remetendo à conhecida dialética entre liberdade e segurança que está no centro do pensamento político liberal: a segurança não pode ser reduzida apenas à dimensão jurídica; ela comporta exigências próprias que podem contradizer, ou até mesmo subverter, os princípios do Estado de direito. O equilíbrio entre o Estado de direito e a segurança é, portanto, precário e variável de acordo com o contexto político.

Tudo se passa como se esse equilíbrio estivesse em via de redefinição e fosse chamado a uma inflexão duradoura: a primazia dada ao imperativo de segurança, entendido em um sentido amplo e envolvendo a construção de novos dispositivos, tende a mudar a concepção do Estado de direito.

### A lógica da segurança

Como uma "sociedade do risco",[49] a sociedade contemporânea é marcada pelo selo da insegurança. Por um lado, o desenvolvimento de fluxos transfronteiriços como resultado da globalização levou à disseminação de riscos de todos os tipos: risco sanitário, dos quais a Covid-19 foi um exemplo emblemático, a ameaça agora latente e onipresente do terrorismo, catástrofes ecológicas resultantes de acidentes nucleares ou industriais e crises econômicas como consequência do processo de globalização do comércio. Por outro lado, o

---

[49] Ulrich Beck, *A sociedade do risco. A caminho de uma outra modernidade*, Paris, Aubier, 2001.

surgimento de novas formas de delinquência (cibercriminalidade, gangues organizadas etc.) e o aumento dos ataques às pessoas e aos bens, testemunhando a ruptura do vínculo social, provocam um sentimento coletivo de insegurança, reforçado pelo prisma midiático. Esse contexto de insegurança suscita uma demanda insistente por proteção por parte do Estado, que é obrigado a responder investindo cada vez mais no campo da segurança.

A segurança é agora entendida como "segurança global". O conceito, que surgiu nos anos 2000, abrange uma abordagem mais ampla da segurança, que vai além das meras implicações da manutenção da ordem pública para incluir riscos e ameaças de todos os tipos (saúde, alimentação, meio ambiente etc.), aos quais os indivíduos estão expostos. Isso implica que, para combatê-los, uma série de recursos deve ser mobilizada e combinada (conhecimento e antecipação, proteção, prevenção, dissuasão, intervenção). Com essa abordagem integrada, a divisão tradicional entre segurança interna e segurança externa, entre manutenção da ordem e defesa, tende a desaparecer (lei de 14 de março de 2011): o tema da "guerra" contra o terrorismo ou contra o vírus apresentado pelos governantes contribuiu para embaralhar ainda mais as perspectivas. Para atender às responsabilidades maiores que lhe cabem, o Estado conduzido a recorrer à contribuição de outros atores: enquanto a luta contra a criminalidade transfronteiriça exige mecanismos de cooperação internacional, um mercado de segurança privada se desenvolveu para combater a delinquência de predação e garantir a proteção das pessoas; e um papel crescente está sendo dado aos atores locais, até mesmo pela iniciativa dos cidadãos, na implementação de políticas de segurança. A ideia de "coprodução da segurança" se impôs, levando à integração de uma série de atores em torno de um "*continuum* de segurança" (lei de 25 de maio de 2021, intitulada "Por uma segurança global que preserve as liberdades").

Essa extensão das responsabilidades próprias do Estado não é isenta de impacto em sua configuração. O imperativo de segurança altera os equilíbrios de poder: como se viu durante a crise sanitária, ele leva ao reforço do peso do Executivo, único capaz de avaliar a importância das ameaças e de conceber uma estratégia coerente para combatê-las, e ao enfraquecimento correlativo do Parlamento; ele contribui também para aumentar a margem de autonomia dos serviços responsáveis pela segurança, com o risco de incentivar uma série de abusos e o uso excessivo da força. A questão de sua compatibilidade com o sistema do Estado de direito é assim colocada.

## A inflexão do Estado de direito

O primado agora dado ao imperativo de segurança leva a dois tipos de exceção ao sistema do Estado de direito: por um lado, o afastamento temporário de certos princípios jurídicos para superar situações de crise grave; por outro, a aplicação de longo prazo de regimes derrogatórios para enfrentar riscos permanentes. Embora essas duas variantes do direito de exceção se refiram a contextos diferentes, elas tendem a ser conjugadas, tendo em vista a evolução das formas de insegurança na sociedade contemporânea.

Embora os regimes de exceção existam há muito tempo, no contexto de segurança que agora prevalece, eles adquiriram um novo significado: figurando no aparato dos meios de ação à disposição do Estado, eles se tornaram um dos instrumentos que os governantes não hesitam em utilizar quando a segurança das pessoas e dos bens parece estar seriamente ameaçada; à medida que as crises se repetem, os regimes de exceção tendem a se banalizar ou até mesmo a se perenizar, tornando-se "um novo paradigma de governo".[50] O exemplo da luta contra o terrorismo demonstra isso: o estado de emergência declarado no final de 2015, após os atentados terroristas, foi objeto de sucessivas prorrogações, antes que as medidas derrogatórias nele contidas fossem, em sua maior parte, incorporadas ao Direito comum (lei SILT de 30 de outubro de 2017). Um processo semelhante se formou em relação à luta contra o coronavírus: não apenas o novo regime de exceção criado em março de 2020 pretende ser integrado em longo prazo na legislação sanitária, mas o regime de transição de saída do "estado de emergência sanitária" também assumiu os elementos essenciais do sistema anterior. O recurso ao estado de emergência é, à primeira vista, conforme as exigências do Estado de direito: a lei estabelece as condições de sua entrada em vigor e seu exercício é cercado por um conjunto de garantias; desde que sejam regidos pela lei, os estados de exceção não são "estranhos ao Estado de direito, mas, ao contrário, servem para preservá-lo".[51] No entanto, o estado de emergência, mesmo que seja formalmente compatível com o Estado de direito, implica a restrição dos direitos e liberdades inerentes ao Estado de direito: seu

---

[50] Stéphanie Hennette-Vauchez, *A democracia em um estado de emergência. Quando a exceção se torna permanente*, Paris, Seuil, 2022.
[51] Conselho de Estado, estudo citado, 2021.

conteúdo substancial é, pelo menos temporariamente, posto em questão em nome da segurança.

A lógica da segurança não justifica apenas o recurso a um direito de exceção em face das ameaças às quais os mecanismos jurídicos usuais não parecem ser capazes de responder: ela exerce uma influência mais ampla sobre o sistema jurídico, convidando à busca de novos equilíbrios. A resposta penal é concebida como um meio privilegiado de proteção contra a insegurança causada pela proliferação de riscos de todos os tipos; o imperativo de segurança leva a uma mudança no Direito penal, que deixa de enfatizar a noção de "culpabilidade" para enfatizar a noção de "periculosidade".[52] Em nome da segurança, são também implantados dispositivos de vigilância para prevenir ataques à ordem social e política: a prevenção das diferentes formas de delinquência e, depois, a luta contra o terrorismo levarão à instauração de uma vigilância em massa, estendendo-se sobre toda a população.

A emergência de um Estado de segurança, no qual a segurança é colocada no centro das preocupações, não implica o fim do Estado de direito; no entanto, o desenvolvimento de um direito de exceção e a inflexão da normatividade jurídica mostram que um novo equilíbrio entre liberdade e segurança tende a surgir, o que modifica a concepção tradicional do Estado de direito.

Essas transformações do Estado levantam a questão do vínculo de cidadania em novos termos.

## AS DIFICULDADES DA CIDADANIA

A teoria da cidadania construída na França a partir da Revolução é inseparável de um determinado contexto sociopolítico: a construção do Estado-nação, que implica o estabelecimento de uma linha divisória clara, um "fechamento social", entre aqueles que o Estado reconhece como seus, mas cuja lealdade ele busca em troca, e aqueles que se encontram fora da comunidade nacional; a distinção público/privado, que permite alcançar um equilíbrio sutil entre a autonomia individual, dando a cada um a possibilidade de perseguir seus próprios objetivos, e a construção de uma ordem coletiva, por meio do pertencimento a uma comunidade política; um modelo democrático que, ao mesmo

---

[52] Geneviève Giudicelli-Delage et Christine Lazerges (dir.), *A periculosidade no âmbito do Direito penal*, Paris, PUF, 2011.

tempo que coloca a fonte de todo poder e a base de toda autoridade na comunidade de cidadãos, confia a gestão dos assuntos públicos a representantes eleitos. No entanto, esses fundamentos sólidos, sobre os quais a teoria se baseava, desmoronaram: enquanto a globalização coloca em questão a pertinência da estrutura do Estado-nação, tornando mais fluida a identidade nacional e favorecendo a emergência de novos princípios de identificação, o vínculo político, fundado no princípio representativo e, de forma mais geral, o vínculo cívico, que implica a adesão a valores comuns, não são mais evidentes.

Esse desmoronamento tende a levar a uma concepção renovada, passando pela inflexão da relação que os cidadãos têm com o Estado, mas também pela reafirmação dos valores de fundação do vínculo de cidadania, um duplo movimento que não é isento de tensão.

## O cidadão em face do Estado

Na França, a relação com o Estado tem sido tradicionalmente baseada em uma dupla figura: a do cidadão, que constitui a base do poder e é chamado a definir as condições de seu exercício, por meio da eleição de seus representantes; e a do administrado, que é submetido à autoridade do Estado e é obrigado a cumprir suas prescrições. Cidadãos na ordem política, os indivíduos se tornam sujeitos na ordem administrativa. Essa distinção nítida entre os dois lados (político/ administrativo) da relação com o Estado tende a se desfazer, e suas respectivas implicações devem ser avaliadas.

A lógica do governo representativo faz com que os direitos políticos de cidadania se limitem à simples indicação de representantes: a eleição parece ser o instrumento pelo qual os cidadãos são destituídos da realidade do poder em benefício dos governantes. Essa concepção está agora obsoleta: a exigência democrática parece impor que os cidadãos tenham controle sobre a coisa pública; assim, a cidadania tende a se tornar uma cidadania ativa, incompatível com qualquer ideia de privação.

Essa cidadania ativa se traduz, em primeiro lugar, na possibilidade dada aos cidadãos de se fazerem ouvir, no âmbito de um "momento deliberativo", que agora tende a preceder a definição das principais escolhas coletivas. Na França, assim como em outros lugares, vê-se uma proliferação de novas formas de "debate público", das quais os cidadãos são convidados a participar. Esse debate público assume múltiplas formas: grandes debates nacionais (como o Grenelle do meio ambiente em 2007) lançados em torno de políticas como parte dos "estados gerais", que vão além dos métodos clássicos de recurso a "especialistas" e de consulta a "parceiros sociais"; debates impostos desde 1995 previamente à implementação de grandes projetos de planejamento e infraestrutura, organizados sob a égide da Comissão Nacional do Debate Público (CNAP); debates ainda sobre as escolhas científicas e técnicas a serem feitas em um contexto de grande incerteza, recorrendo à "expertise cidadã" no âmbito de "conferências de consenso". Duas novas formas surgiram recentemente. Organizado na esteira do "movimento dos coletes amarelos", o "grande debate nacional" (15 de janeiro a 15 de março de 2019) foi apresentado como um dispositivo de consulta dos cidadãos em grande escala, considerando os temas abordados e as modalidades de consulta; no entanto, ele teve pouco impacto prático. A "convenção cidadã para o clima" (outubro de 2019 a junho de 2020), que reuniu cento e cinquenta cidadãos franceses escolhidos por sorteio, foi encarregada de apresentar uma série de propostas para combater a desregulação climática: seus resultados foram considerados decepcionantes, dada a lacuna entre as propostas e o conteúdo final da lei.

Ao mesmo tempo, a ideia de associar os cidadãos mais diretamente no processo político tende a progredir. O escopo dos referendos foi ampliado de duas maneiras, tanto em nível nacional quanto local: a introdução de um referendo de "iniciativa compartilhada", em 2008, não produziu resultados concretos e a introdução de um "referendo de iniciativa cidadã" (RIC) foi defendida; os referendos locais foram ampliados para todos os níveis territoriais, em 2003, e adquiriram um escopo decisório novo. A exploração de tecnologias digitais também parece oferecer a possibilidade de um "governo aberto", dando aos cidadãos a possibilidade de expressar seu ponto de vista sobre as escolhas políticas e de se envolver na elaboração dos textos; a elaboração da lei de 7 de outubro de 2016, "Por uma República digital", constituiu a primeira experiência desse tipo na França.

Ao mesmo tempo, o modelo tradicional de relacionamento com os administrados, baseado na distância e na autoridade, é colocado em questão. O administrado não quer mais ser tratado simplesmente como um sujeito, submetido ao poder administrativo, nem mesmo como um simples usuário, que se beneficia dos serviços oferecidos pela administração, mas como um cidadão, dispondo enquanto tal de um conjunto de direitos em face da administração:

direito à informação, direito de acesso aos serviços, direito a uma boa administração, direito de participação nos processos administrativos. A administração se torna, assim, um ponto de ancoragem privilegiado da "democracia participativa": a concessão aos cidadãos do poder de intervir na gestão dos serviços deve supostamente colmatar as lacunas da democracia representativa, dando aos interessados um controle concreto sobre a coisa pública; vê-se desenhar, assim, a imagem de uma "democracia do quotidiano", por meio do envolvimento dos administrados no funcionamento dos serviços com os quais estão em contato. Essa dimensão cívica tende a exercer uma inegável força de atração, integrando e absorvendo gradualmente as diferentes formas de relacionamento com a administração.

Entretanto, o conceito de cidadania evoca uma realidade mais difusa e mais profunda, que toca as raízes da identidade individual e coletiva.

## O vínculo de cidadania

Como conceito central sobre o qual o vínculo político e, além disso, o vínculo social são construídos, a cidadania aparece como o cimento da sociedade, o que une e mantém seus diferentes elementos constitutivos. Mas a cidadania não é mais evidente.[53] Os valores comuns, que formavam a base da cidadania, tendem a desaparecer como resultado da conjugação de uma série de fatores: a erosão da identidade nacional; a crise do civismo, refletindo um fenômeno de anomia; os fluxos migratórios, favorecendo um processo de hibridização e miscigenação; a presença de comunidades não nativas no território nacional; o recuo identitário para grupos de pertencimento mais restritos. Presencia-se um fenômeno de "balcanização da identidade", que torna mais difícil o controle da lealdade pelo Estado e representa um perigo para a coesão política: a crescente diversificação de grupos étnicos, crenças, estilos de vida e visões do mundo colocam em evidência as falhas do modelo francês de integração republicana; os mecanismos pelos quais as populações não nativas eram gradualmente integradas à comunidade nacional não funcionam mais com a mesma eficácia de antes.

---

[53] Conselho de Estado, "A cidadania. Ser (um) cidadão hoje", Étude annuelle, nº 69, 2018.

Uma pressão foi exercida em favor de um modelo de cidadania que fosse menos exigente e mais tolerante com as particularidades e diversidades dos diferentes grupos que compõem a sociedade. Entretanto, essa concepção esbarrou na questão do lugar que convém ser reconhecido ao islã, uma questão que se tornou mais aguda com a expansão de práticas religiosas rigorosas, de inspiração salafista, e depois com o desenvolvimento do terrorismo jihadista. A recusa em permitir o uso do véu islâmico nos estabelecimentos escolares (lei de 15 de março de 2004, que proíbe a exibição das crenças religiosas de forma "ostensiva" nas escolas), seguida pela recusa em permitir o uso do véu integral no espaço público (lei de 11 de outubro de 2010, que proíbe a ocultação do rosto nesse espaço), marcou um ponto de inflexão, alimentando o debate político sobre a ampliação do âmbito de aplicação dessas restrições: a ênfase foi colocada no tema da laicidade, uma "laicidade fechada", que recusa qualquer expressão pública da religião, na realidade do islã. O comunitarismo é apresentado mais do que nunca como o destruidor da identidade nacional e da República, com ênfase no tema da "integração", se não da "assimilação": as leis de imigração mais recentes exigiram que os candidatos a residência e a naturalização conhecessem os "valores da República". A vontade de combater o "islamismo radical", um "projeto político-religioso que se concretiza na reiterada distância dos valores da República, muitas vezes resultando na constituição de uma contra-sociedade",[54] levou à adoção da lei de 24 de agosto de 2021: o texto visa "garantir o respeito aos princípios da República e às exigências mínimas da vida em sociedade", por meio de um conjunto de disposições de natureza muito diversa, buscando rastrear qualquer manifestação possível de "separatismo". O fato é que, dadas as mudanças na sociedade francesa, a cidadania não pode mais ser concebida como um molde rígido, recusando qualquer flutuação identitária, rejeitando qualquer elemento de diferenciação: os valores comuns sobre os quais ela é construída não podem ser colocados como exclusivos de outras referências; ser cidadão não implica mais necessariamente o abandono das referências identitárias forjadas no âmbito de comunidades mais restritas de pertencimento.

A ambivalência de uma cidadania que implica tanto direitos quanto deveres, adesão e restrição, encontra-se no que concerne a mudança do Estado na era digital.

---

[54] Emmanuel Macron, 20 de outubro de 2020.

## AS DIFICULDADES DA DIGITALIZAÇÃO

Como um processo global que afeta todos os setores da vida social, a revolução digital modifica profundamente os princípios de organização e de funcionamento do Estado. A conscientização da importância do desafio digital na ação pública, o papel essencial dos dados públicos no desenvolvimento econômico e as novas possibilidades oferecidas pela tecnologia digital para a criação de novos serviços fizeram com que a digitalização fosse colocada no centro dos mais recentes programas de reforma do Estado: eles estabeleceram o objetivo de "acelerar a transformação digital da França", colocando a tecnologia digital "a serviço da eficiência da ação pública"; o Estado é convidado a conceber e implementar uma "estratégia *digital*" destinada a explorar plenamente suas potencialidades. Embora o uso das tecnologias digitais tenha como objetivo principal a ambição de melhorar a qualidade dos serviços públicos, elas também são usadas como um meio de vigilância e controle dos comportamentos.

### A transformação digital

A revolução digital criou uma nova economia, ilustrada notadamente pelo crescimento das plataformas *on-line*: ao colocar fornecedores e clientes de informações, bens e serviços em contato direto uns com os outros, essas plataformas contribuem para minar a posição ocupada pelos serviços públicos e levam à redefinição de seus contornos. Em 2017, o Conselho de Estado não hesitou em evocar "as consequências disruptivas para o serviço público da emergência das plataformas digitais em concorrência direta com ele",[55] com a proliferação de serviços privados *on-line* deixando entrever a perspectiva de um "Estado-serviço, que encolhe pouco a pouco". Além desse "capitalismo de plataformas", a assunção pelas empresas da economia digital de funções tradicionalmente reservadas ao setor público levaria a "uma recomposição da divisão público-privado", envolvendo a "privatização digital".[56] Essa evolução foi fortemente incentivada pela política de abertura dos dados públicos, significando

---

[55] "Poder público e plataformas numéricas. Acompanhar a uberização", Étude annuelle, no 68, 2017.
[56] Gilles Jeannot et Simon Cottin-Marx, *A privatização digital. Desestabilização e reinvenção do serviço público*, Paris, Raisons d'agir, 2022.

que sejam colocados à disposição dos atores sociais e possam ser livremente usados por eles. Esse imperativo de difusão foi se consolidando gradualmente e seguindo várias etapas. A lei "Para uma República digital", de 2016, ampliada por uma diretiva europeia de 2019, é o ponto culminante dessa evolução: ela estabelece o princípio de abertura, à ausência de outro, do conjunto de dados produzidos, coletados ou recebidos como parte de uma missão de serviço público e consagra o princípio da gratuidade; além disso, a lei cria um "serviço público" de dados destinado a disponibilizar os "dados de referência" a todos, juntamente com os "dados de interesse público" produzidos por atores privados, mas considerados como de "importância estratégica".

As estratégias de plataforma não se limitam apenas ao setor privado: elas são inerentes ao processo de digitalização que transformam os princípios de organização e os modos de ação do Estado; assim como as grandes empresas digitais, o Estado precisará criar dispositivos de interface e de intermediação destinados a facilitar as trocas, assim como a produção de bens e serviços.

Como vem sendo concebida desde 2017, a transformação digital é construída em torno de dois eixos essenciais: a desmaterialização de todos os procedimentos administrativos; a experimentação de uma "plataforma digital do Estado" (PNE) baseada em três componentes: uma identidade digital única para cada cidadão, uma linguagem comum para todos os aplicativos e dados do Estado e a proteção dos dados pessoais trocados entre as administrações. O "FranceConnect" foi inicialmente concebido como um meio de identificação, que permite aos usuários se conectar a uma série de serviços *on-line*, usando uma única chave: simplificando os procedimentos administrativos para os usuários, ele reduz a carga de trabalho dos serviços administrativos, que não precisam mais verificar a identidade dos interessados. Posteriormente, suas ambições foram ampliadas: o "FranceConnect" não se apresenta mais apenas como uma "Identidade", mas também como uma "plataforma", ou seja, uma arquitetura técnica que constitui o suporte da troca segura de dados e serviços; os novos serviços digitais criados por atores inovadores são chamados a se aprofundar no que parece ser uma "meta-plataforma".

Com efeito, a plataformização oferece a possibilidade de desenvolver serviços que enriquecem e ampliam os serviços existentes: os cruzamentos de dados efetuados no âmbito da estrutura de "interfaces de programação aplicativa" (API) permitirá que os desenvolvedores produzam novos serviços digitais, usando o Estado como uma plataforma de troca, por meio de um método "ágil" que envolve as *start-ups*. Embora isso deva possibilitar a produção de serviços mais bem adaptados às expectativas dos usuários, também transforma o modo de contato entre o Estado e a sociedade: como o Conselho de Estado apontou, "são os algoritmos ou a inteligência artificial que agora regem todas as relações que nascem em uma plataforma digital"; e, embora os algoritmos possibilitem otimizar o funcionamento dos serviços, eles também têm como corolário um fenômeno de desumanização, reduzindo a importância do fator humano na tomada de decisões. Portanto, existe o risco de que o Estado-plataforma apareça para os cidadãos como um "monstro frio", movido por processos automáticos.

Embora seu objetivo seja melhorar a eficiência da ação pública, a ferramenta digital é ainda utilizada como dispositivo de vigilância.

## Um Estado de vigilância?

A expansão das tecnologias digitais oferece ao Estado os meios de controle sobre os comportamentos sociais, que vão muito além daqueles que ele tradicionalmente tinha à sua disposição. Utilizadas na China como uma alavanca para o controle social total, essas tecnologias modificam, em todos os casos, a relação entre o Estado e a sociedade: as possibilidades oferecidas pela digitalização dos dados colocam os indivíduos sob o olhar vigilante do Estado; assiste-se, portanto, à implantação de uma "data vigilância", uma vigilância pelos dados, que se estende sobre toda a população e leva muito além a lógica intrusiva.

As tecnologias digitais são utilizadas, principalmente, como um meio de identificação de indivíduos. Os modos clássicos de identificação tendem a ser complementados pela coleta de dados biométricos: isso envolve a digitalização de uma parte do corpo (altura, cor dos olhos, impressões digitais ou outros elementos), a fim de estabelecer, com precisão, a identidade da pessoa, evitando qualquer possibilidade de fraude. A "identidade nacional eletrônica securizada" (INES), que abrange tanto os passaportes quanto as carteiras nacionais de identidade, instituída em 2012, levou à implantação de uma nova carteira de identidade eletrônica, com a imagem digital de seu titular e duas impressões digitais (decreto de 13 de março de 2021). Os dados biométricos também são amplamente utilizados como elemento de identificação em uma série de arquivos. A extensão gradual dos dispositivos de reconhecimento facial para fins de autenticação surge, nesse sentido, como uma questão fundamental: o aplicativo de identificação digital de reconhecimento facial (Alicem), desenvolvido pelo Ministério do Interior em 2019, foi validado, e uma carteira de reembolso das despesas de saúde (Carte Vitale) desmaterializada está em fase de testes; o exemplo da China demonstra os perigos do sistema, a partir do momento em que ele é utilizado como um dispositivo de vigilância de toda a população, por meio do uso generalizado de câmeras de vigilância nos espaços públicos.

O sistema de comunicação social que emergiu do desenvolvimento da sociedade digital não escapa ao poder de supervisão estatal, como parte de uma política de inteligência que pretende fazer uso pleno dos recursos digitais. Legitimada em nome da luta contra o terrorismo, a vigilância das comunicações eletrônicas, sejam elas pela internet ou pelo telefone celular, foi gradualmente ampliada em etapas sucessivas (da lei de 24 de julho de 2015 à lei de 30 de julho de 2021): a detecção de comportamentos que possam revelar uma ameaça terrorista envolve a análise, com a ajuda das "caixas-pretas" que são os algoritmos, de uma série de metadados (números de telefone digitados, *sites* de Internet consultados etc.), transmitidos de um serviço para outro e que podem ser conservados além da duração normal; na ausência de um perfil terrorista típico, toda a população é potencialmente afetada, com o risco de se deslizar para a vigilância em massa.

De modo mais geral, a vigilância digital envolve a coleta e a análise de dados pessoais: fornecidos pelos indivíduos ou coletados automaticamente a partir de rastros digitais deixados em objetos da vida cotidiana, esses danos são processados por algoritmos; os indivíduos são, portanto, expostos a um "rastreamento digital", com o objetivo de identificar seu perfil, definir suas preferências e antecipar seu comportamento. Essa abordagem não é exclusiva do Estado: enormes massas de dados pessoais são coletadas pelas grandes empresas de Internet, armazenadas em banco de dados e processadas com o objetivo de uma exploração sistemática, como parte do que se tornou um mercado mundial de dados, dominado pelo GAFA,[57] os principais atores da economia digital; uma "nova era do capitalismo", um "capitalismo de vigilância" teria, portanto, surgido.[58] No que diz respeito ao Estado, a proliferação dos arquivos e a capacidade de armazenamento que eles

---

[57] Nota dos tradutores: GAFA: acrônimo para "Google, Apple, Facebook e Amazon".
[58] Shoshana Zuboff, *A era do capitalismo de vigilância*, Paris, Zulma, 2020.

proporcionam dão a ele os meios para conhecer os cidadãos em todas as diferentes facetas de sua existência; a vinculação e o cruzamento dos dados coletados conduzem ao "perfilamento" dos administrados; eles permitem adaptar a ação pública à diversidade dos públicos identificados.

# CONCLUSÃO

O futuro do Estado dependerá da maneira como serão enfrentadas as tensões inerentes às dificuldades com as quais ele é agora confrontado e da resposta que será dada a elas: a consistência do princípio de soberania varia de acordo com as vicissitudes da globalização e o grau de integração da União Europeia; o grau de inflexão do sistema do Estado de direito é resultado da importância atribuída ao imperativo de segurança; a concepção da cidadania oscila entre a refundação da relação com o Estado e o aumento da exigência de adesão a valores comuns; por fim, embora a digitalização traga maior eficiência à ação pública, ela surge também como um vetor de controle dos comportamentos.

Essas dificuldades são interdependentes. A questão da soberania se torna essencial na medida em que afeta os próprios fundamentos do Estado: a ênfase dada à soberania coloca o Estado como um baluarte contra os perigos da globalização, fazendo dele o artesão do desenvolvimento econômico, o garantidor da segurança e o suporte da cidadania; o reconhecimento das relações de interdependência dos Estados em um mundo globalizado leva a ampliar o quadro de referência da ação pública e a promover novos vetores de identificação; quanto à integração europeia, ela é suscetível de conduzir à superação do Estado-nação, por meio do aprofundamento de uma cidadania europeia, cujas bases já foram estabelecidas, e da afirmação de uma cidadania europeia que se sobrepõe à do Estado. Mas a questão da soberania não exclui outras determinações: a concepção mais ampla da segurança estimula o aumento do nível de exigência em matéria de cidadania, assim como a utilização dos recursos oferecidos pelas tecnologias digitais; essas tecnologias podem, por sua vez, contribuir para ativar o vínculo de cidadania, criando as condições para uma participação ativa na vida pública, e ser, ao mesmo tempo, colocadas a serviço da ação pública.

Como resultado do compromisso firmado entre esses diferentes aspectos, o novo desenho do Estado envolve, portanto, um alto grau de imprevisibilidade: ele está sujeito a mudanças de acordo com a evolução do contexto internacional, do estado da sociedade e dos equilíbrios políticos; a última eleição presidencial mostrou que o campo de possibilidades continua largamente aberto.

\*

A partir do final do século XX, o modelo francês de Estado, polido pelo tempo, parecia ter se tornado obsoleto: a concepção de um Estado fortemente diferenciado do resto da sociedade e investido de responsabilidades eminentes na vida social, abalado pelos golpes da globalização, não coincidia mais com os pré-requisitos de um modelo neoliberal que se tornou hegemônico. Entretanto, embora esse modelo tenha passado por mudanças significativas, ele não foi erradicado, e a crise sanitária ajudou a atualizá-lo em um contexto de excepcional gravidade. Assim, a imagem de um Estado se elevando sobre a sociedade e erigido como princípio de ordem e de integração social permaneceu, mais do que nunca, presente no imaginário coletivo da França. Não é menos verdade que esse modelo deverá passar por novas adaptações em função das respostas que serão dadas aos desafios com os quais o Estado é agora confrontado e que traçam várias trajetórias possíveis de evolução.

Esta obra foi composta em fonte Palatino Linotype, corpo 10
e impressa em papel Pólen Bold 70g (miolo) e Supremo 250g (capa)
pela Gráfica Star7.